Brigitte Karner

Bevor das erste Wort
gesprochen ist …

Brigitte Karner

BEVOR DAS ERSTE WORT GESPROCHEN IST …

Souveräne Körpersprache
kommt von innen

ueberreuter

Haftungsausschluss:

Die in diesem Buch enthaltenen Informationen und Ratschläge wurden von den Autorinnen sorgfältig recherchiert und geprüft. Eine Garantie kann dennoch nicht übernommen werden.

Unter keinen Umständen sind die Autorinnen oder der Verlag für irgendwelche Schäden oder Verluste haftbar, die dem Leser dadurch entstehen könnten, dass er sich ausschließlich auf Informationen in diesem Buch verlässt. Eine Haftung der Autorinnen oder des Verlags ist ausgeschlossen.

Gedicht S. 27 aus: Hermann Hesse: Das Lied des Lebens
© 1986 Suhrkamp Verlag GmbH, Frankfurt am Main

Gedicht S.77 aus Josef Guggenmos: Groß ist die Welt
© 2006 Beltz & Gelberg, Weinheim in der Verlagsgruppe Beltz, Weinheim Basel

1. Auflage 2019
© Carl Ueberreuter Verlag, Wien 2019
ISBN 978-3-8000-7721-2

Alle Rechte vorbehalten. Das Werk darf – auch teilweise – nur mit Genehmigung des Verlages wiedergegeben werden.

Covergestaltung: Saskia Beck, s-stern.com
Coverfoto und Fotos im Innenteil: © Harry Schiffer, www.photodesign.at
Idee: Monika Jerolitsch
Textgestaltung: Susanne Senft
Lektorat: Marina Hofinger
Satz: Hannes Strobl, Satz·Grafik·Design, Neunkirchen
Druck und Bindung: Finidr s. r. o.

www.ueberreuter-sachbuch.at

Inhalt

GELEITWORT VON ELFRIEDE OTT 7

EINLEITUNG 9

IHR KÖRPER SPRICHT KLAR UND DEUTLICH 15

EINE FRAGE DER HALTUNG 47

ATMEN SIE SICH FREI 63

ERHEBEN SIE IHRE STIMME 73

FINDEN SIE DEN RICHTIGEN AUGENBLICK 79

IHR GROSSER AUFTRITT 95

NACHWORT 117

GELEITWORT VON ELFRIEDE OTT

Vor den Vorhang

Wie – warum – wieso – weshalb – eine souveräne Körpersprache?

Es ist so viel in dir, wenn du diese Welt zu sehen beginnst. Dann bist du bereit, im Kleinen, im Alltag aufzutreten, sicher zu sein vor anderen.

Du kannst dich auf Geschichte und Geschichten einlassen, deine eigene Sprache sprechen lernen, die Bewegung deines Körpers erkennen, dich selbst kennenlernen.

Dann bist du bereit, im Großen, vor vielen aufzutreten, sicher zu sein vor anderen. Dahin will dich dieses Buch führen.

Du sollst dir erlauben, Gefühle zu entwickeln, von denen du selbst nicht gewusst hast, dass sie in dir sind.

Eine besondere Schauspielerin wird dir diesen Weg zeigen.

Herzlichst
Elfriede Ott

EINLEITUNG

Ich bin Schauspielerin von Beruf. Wie alle Kolleginnen und Kollegen meiner Generation habe ich in der Ausbildung gelernt, wie ich schon mit einer kleinen Geste oder dem Zucken einer Schulter Hochachtung oder Respektlosigkeit ausdrücken kann, wie durch eine kleine Veränderung meines Lächelns aus Zuneigung Zynismus wird.

Aber sehr bald habe ich gespürt, dass diese Art der Schauspielerei ihre Grenzen hat. Sie stellt etwas zur Schau, das im Inneren nicht ist, das nicht gemeint und nicht gefühlt wird – dafür haben Menschen ein feines Sensorium.

Wirklich glaubwürdig sind wir nur, wenn wir uns selbst kennen und mit unseren Gefühlen in Verbindung stehen. Wenn wir wissen, wer wir sind, woran wir glauben und wofür wir uns einsetzen – wenn wir in unserer Mitte sind und unsere Würde, unser Bewusstsein unseres eigenen Wertes gefunden haben.

Je mehr ich über mich weiß, desto besser kann ich über mich verfügen.

Das ist mein Credo, und dieses Credo wird uns durch das Buch begleiten. Denn zuerst ==müssen wir uns kennenlernen== und aus dieser inneren Kraft schöpfen. ==Wir müssen verstehen, wer wir sind, mit unseren Stärken und Schwächen, mit unseren Möglichkeiten und Grenzen.==

Wenn wir durch die Welt gehen und erwarten, dass andere uns die Anerkennung schenken, die wir uns wünschen, werden wir kläglich scheitern. Niemand kann uns geben, was wir nicht in uns finden. Wir müssen uns selbst annehmen und respektieren. Manche haben das Gefühl dafür von Kindesbeinen an, andere machen sich erst als Erwachsene auf den Weg. Ich biete Ihnen dafür dieses Buch als Ihren Kompass.

Früher haben wir uns im Umgang mit anderen auf viele Konventionen verlassen können. Die Rolle von Mann und Frau war eindeutig zugeordnet, so wie die Hierarchie der Eltern gegenüber ihren Kindern. Es war in der Gesellschaft völlig klar, wer wen zuerst grüßt, wer wann sprechen darf, wer wo sitzt und wer wem die Tür aufhält. Ein Meer von Regeln, das uns das Leben auf gewisse Weise erleichterte – und uns gleichzeitig entmündigt hat. Heute haben diese Konventionen kaum noch Gültigkeit. Wir haben sie abgeschafft. Die Fassaden sind eingestürzt und plötzlich sehen wir den Menschen, der Blick auf die wahre Person ist frei geworden.

Das ist spannend, kann aber auch Angst machen. Denn so, wie wir plötzlich die anderen viel deutlicher wahrnehmen, sind auch wir sichtbarer geworden. Also müssen wir unsere Beobachtungsgabe schärfen und bewusster aufnehmen, was wir sehen und wie wir gesehen werden. Wir müssen eine neue Form der Sensibilität entwickeln – für uns selbst und für andere. Das Einzige, worauf Sie sich in dieser neuen Welt verlassen können, sind Sie selbst. Wenn Sie wissen, wer Sie sind, und sich vertrauen, wird Ihr Körper dieses Selbstbewusstsein ganz selbstverständlich zum Ausdruck bringen.

Lassen Sie mich anhand zweier Frauen erklären, was ich meine: Wie oft hat man Ihnen gesagt, dass Sie Ihre Arme nicht vor der Brust verschränken sollen? Das würde abweisend wirken. Wenn ich aber z. B. an Sabine Herlitschka denke, die erfolgreiche Chefin des Halbleiterherstellers Infineon, sehe ich sie oft mit verschränkten Armen stehen – und sie wirkt dabei nicht im Geringsten abweisend, sondern sehr selbstbewusst.

Eine andere Grundregel besagt, frau dürfe beim Sitzen die Beine nicht übereinanderschlagen. Das würde unsicher wirken. Um diese Vorstellung zu entkräften, wollen wir die deutsche Verteidigungsministerin Ursula von der Leyen beobachten: Bei allen Fernsehdiskussionen sind übereinandergeschlagene Beine ihre bevorzugte Sitzhaltung – und niemand käme auf die Idee, sie sei unsicher.

Heute schlagen alle ihre Beine übereinander, Frauen und Männer. Diese Körperhaltung ist zur schützenden Wohlfühlgeste geworden. Wenn ich die Arme verschränke und die Beine übereinanderschlage, fühle ich mich sicher, während ich mit meinem Gegenüber vielleicht grade in einer harten Auseinandersetzung bin. So spüre ich mich, bin in dieser Körperhaltung eins mit mir.

Im Schauspielunterricht nehme ich meinen Studierenden diesen Schutz ganz bewusst weg. Im Rahmen einer Übung müssen sie ihren Kollegen gegenübersitzen, die Beine nebeneinandergestellt, die Arme auf Armlehnen ruhend. Das ist nicht angenehm, ich weiß. In dieser Situation werden sie offen und porös für ihre eigenen

Gefühle und die der anderen. Für eine Stunde erleben die jungen Männer und Frauen sich selbst ungeschützt, bekommen eine neue Wahrnehmung von sich. Körperhaltung kommuniziert also nach außen und wirkt gleichzeitig nach innen zurück.

Wenn ich halb verknotet in meinem Stuhl sitze, werde ich mich auch innerlich verstricken und klein fühlen. Wenn ich dagegen aufrecht stehe, fühle ich mich stärker. Ich muss in mir selbst die Kraft und die Ruhe finden, um auf andere offen zugehen zu können.

Sie denken jetzt vielleicht, dass dieser Wunsch nach mehr Offenheit völlig an ihrer Lebensrealität vorbeigeht, da Sie eine Zunahme an Härte im täglichen Miteinander empfinden. Ich kann Sie verstehen, denn ich erlebe dieses Hauen und Stechen auch. Und dennoch – so paradox es klingt – bin ich der festen Überzeugung: Uns bleibt gar nichts anderes übrig, als offener und sensibler zu werden.

Mit sensibel meine ich, wachsam zu sein, aufmerksam zu beobachten und Verhaltensweisen mit Umsicht zu interpretieren. Nicht immer nur auf den ersten Eindruck zu bauen, sondern auch zu hinterfragen. Deshalb müssen wir, wenn wir über Körpersprache reden, auch über die Psyche der Menschen nachdenken.

Nun soll dieses Buch kein psychologisches Sachbuch sein, da sind andere berufen. Als Schauspielerin aber weiß ich, wie sich unsere Seele körperlich ausdrückt – und mir ist die Bedeutung der Würde des Menschen bewusst.

Würde ist ein Begriff, der im allgemeinen Sprachgebrauch ein wenig aus der Zeit gefallen scheint. Aber Würde ist extrem zukunftsorientiert. Im Zeitalter der Computer und Roboter wird der Mensch, der autonom über seine Persönlichkeit und seine Würde verfügt, der Einzige sein, der noch etwas zu sagen hat. Ich wünsche mir, dass wir einander in Würde und Anstand begegnen. Es gibt viele Wege dahin, meiner ist einer davon – und Würde ist eines der Ziele. Ich lade Sie ein, sich auf eine Reise zu sich selbst zu machen, um sich selbst besser kennenzulernen Alles, was Sie dazu brauchen, ist Zeit und die Bereitschaft, in sich hineinzuschauen.

Zu allererst müssen wir uns von der Ritterrüstung befreien, die wir uns im Lauf unseres Lebens umgeschnallt haben. Wir haben gehofft, dass sie uns vor Verletzungen schützt – und das hat sie auch. Nur hat eine Ritterrüstung einen gravierenden Nachteil: Sie trennt uns von unseren Mitmenschen, sie schließt uns ein.

Deshalb schlage ich vor, dass wir diesen Schutzschild gegen eine Königskrone tauschen. Wer eine Krone trägt, geht hoch erhobenen Hauptes, offen und mutig, souverän durch sein Reich. In diesem Buch zeige ich Ihnen, wie Sie diese Veränderung in Ihrem Leben bewirken können. Sie finden darin unterschiedlichste Übungen, die Ihnen auf Ihrem persönlichen Weg helfen werden. Einige verlangen viel Zeit, andere können Sie kurz und schnell auf dem Weg zur Arbeit machen. Bald werden Sie selbst feststellen, wie Sie sich verändern – und dadurch auch die anderen.

Brigitte Karner

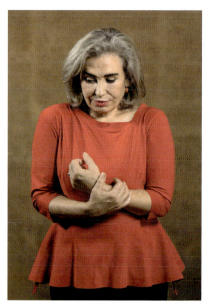

IHR KÖRPER SPRICHT KLAR UND DEUTLICH

Wir alle bewundern Menschen mit souveräner Körpersprache. Wir erkennen intuitiv, dass sie in sich ruhen, ihre Mitte gefunden haben und zu sich selbst stehen. Doch den wenigsten ist dieses Selbstverständnis geschenkt, die meisten von uns müssen sich hart darum bemühen. Dieses Bemühen ist jede Sekunde wert, denn das Ergebnis ist ein besseres Leben.

Die Besonderheit von Körpersprache ist, dass wir sie nur bedingt willentlich steuern können. Größtenteils entzieht sie sich unserer Kontrolle. Wir werden rot im Gesicht, wenn uns etwas peinlich ist. Am Dekolleté zeigen sich Flecken, wenn wir nervös sind – und die Ahnung, dass alle diese Flecken sehen können, verschlimmert unsere missliche Lage nur noch mehr.

Spüren wir Angst, werden unsere Knie weich und die Hände zittern. Haben wir Stress, fahren wir uns mit den Händen durchs Haar oder kauen an den Fingernägeln. Unsere Emotionen brechen sich Bahn. Sie drängen sich vor, rascher als jeder Gedanke, den wir bewusst fassen können. Deshalb gehen auch viele Empfehlungen und Ratschläge, wie wir uns verhalten sollten, ins Leere. Sie bleiben trockene Theorie, Papier. Sie finden keinen Eingang in unser Leben.

Als Gesprächspartner oder Vortragspublikum nehmen wir diese körperlichen Zeichen bewusst und unbewusst wahr. Wir beurteilen und bewerten die Menschen spontan aufgrund ihrer Körperhaltung, ihrer Kleidung, der Art, wie sie auf uns zugehen – und bilden einen Filter. Alle Informationen, die danach in Form von Sprache übermittelt werden, müssen diesen Filter passieren. Und die bittere Wahrheit ist: Nur 10 bis 20 Prozent der Information, die wir wirklich aufnehmen, werden über die Sprache übermittelt.

Ein wunderbares Beispiel dafür lieferte vor einigen Jahren ein Wiener Pfarrer anlässlich einer Konfirmation. Die Familien der Konfirmanden hatten ihre Plätze eingenommen, die jungen Damen und Herren sich rund um den Altar aufgestellt – und dann betrat er die Bühne: als Punk.

Mit einer schwarzen Lederjacke über einem fleckigen T-Shirt, einer zerrissenen Jean, dicken Sicherheitsnadeln an den Ohren und grotesk aufgestellten Haaren stemmte er die mit wuchtigen Ringen bestückten Hände auf den Altar.

Mit einer groben Geste wischte er alles darauf Befindliche zur Seite und begann zu sprechen, polternd und laut. Immer wieder schritt er mit weit ausholenden, groben Schritten auf und ab. Während der ersten Lesung durch einen Konfirmanden drehte er sich zur Seite und begann sich ganz langsam auszuziehen.

Zuerst legte er die Lederjacke ab, dann die Sicherheitsnadeln, zog einen Kamm aus der Hosentasche und bändigte sein wildes Haar, legte die Ringe ab – alles in Zeitlupentempo. Dann nahm er seinen schwarzen Talar, den er unter dem Altar bereitgelegt hatte, seine weiße Halsbinde für den Kragen – und sah wieder aus wie immer.

Die Leute warteten gespannt darauf, wie er seinen seltsamen Auftritt nun erklären würde. Er aber fragte nur, ob ihm jemand sagen könne, worüber er gerade gesprochen habe. Niemand konnte Antwort geben – er hatte sein Ziel erreicht. Mit seiner Kostümierung und der damit verbundenen Körpersprache wollte er seine Gemeinde ermuntern, nicht gleich nach dem ersten Eindruck zu urteilen, sondern hinter die Fassade zu schauen. Niemand, der an dieser Konfirmation teilgenommen hat, wird diese Lektion je vergessen.

Natürlich hilft es uns im Alltag, wenn unser Gehirn viele Situationen unbewusst verarbeitet. Wir hätten gar nicht die Zeit, um jede Information, die wir erhalten, bewusst zu verarbeiten. Im menschlichen Umgang haben wir Konventionen entwickelt, die uns das Zusammenleben erleichtern. Nehmen wir das Beispiel des Händeschüttelns als Begrüßung: Durch das Vorstrecken der rechten Hand haben wir in früheren Zeiten unserem Gegenüber gezeigt, dass wir unbewaffnet sind. Es brauchte keine langen Erklärungen, einfach nur eine kurze Geste – und jeder wusste Bescheid.

Heute haben viele dieser Konventionen ihre Bedeutung verloren – und das irritiert uns. In manchen Arztpraxen findet sich beim Empfang ein Hinweisschild, dass man aus Hygienegründen auf den Handschlag zur Begrüßung und Verabschiedung verzichtet. Das klingt vernünftig und ist nachvollziehbar. In der konkreten Situation aber fühlt es sich merkwürdig an, denn es fehlt etwas.

Ebenso ungewöhnlich ist es für uns, wenn etwas zu viel da ist. Bundeskanzler Sebastian Kurz, eigentlich ein Vertreter der Generation, die tradierte Konventionen gerne hinter sich lässt, verneigt sich beim Begrüßen ein wenig. Nicht sehr tief, aber doch deutlich erkennbar.

In beiden Fällen sind wir verunsichert. Verunsichert, weil wir uns nicht mehr auf Bekanntes verlassen können. Wir müssen körpersprachliche Signale also neu interpretieren – unsere eigenen und die der anderen.

Dafür müssen wir uns Zeit nehmen und unsere Wahrnehmung trainieren. Sich selbst immer mehr zu spüren, führt zur Akzeptanz der anderen. Wir dürfen uns nicht mit der erstbesten Interpretation zufriedengeben, sondern müssen hinter die Kulissen schauen.

Lassen Sie mich diesen Gedanken anhand einer Geschichte erklären, die mir eine Freundin erzählt hat. Sie ist Vorstandsmitglied eines österreichischen Unternehmens. Es war eine Klausur anberaumt, eine wichtige unternehmerische Entscheidung war zu treffen. Die Vorstandsmitglieder waren zum vereinbarten Zeitpunkt im Besprechungsraum eingetroffen, alle hatten sich bestens vorbereitet. Nur einer fehlte. Das Kollegium wartete zehn Minuten, eine Viertelstunde – und entschied sich schließlich etwas verärgert, ohne den Kollegen mit der Sitzung zu beginnen.

Die ersten Präsentationen waren abgeschlossen, die Diskussion bereits voll im Gang, als sich die Tür öffnete und der Kollege eintrat.

Ohne ein Wort der Entschuldigung nahm er seinen Platz ein, schob den Stuhl nach hinten, streckte die Beine aus und lehnte sich zurück. Mit jeder Faser seines Körpers schien er zu sagen: Macht doch, was Ihr wollt, mir egal.

So hat es meine Freundin wahrgenommen und sie war wütend darüber, wie sehr sich die Stimmung im Kollegium plötzlich verändert hatte. Die bis zu diesem Moment erfolgreiche Sitzung erlahmte mit einem Schlag, die Lust an der gemeinsamen Arbeit war verpufft.

All das nur wegen des schlechten Benehmens dieses einen Kollegen. Meine Freundin empfand sein Benehmen als eine Respektlosigkeit und mangelnde Wertschätzung den anderen gegenüber. Sie unterstellte ihm, mit seinem Verhalten seine vermeintliche Überlegenheit ganz bewusst zum Einsatz gebracht zu haben.

Wahrscheinlich hat sie recht, wahrscheinlich war genau das seine Absicht. Möglicherweise aber war der Hintergrund ein ganz ein anderer. Vielleicht hatte ihn seine Frau kurz davor informiert, dass sie die Scheidung einreichen würde. Vielleicht hatte er am Weg zur Arbeit einen Autounfall.

Oder vielleicht war ihm einfach das Zuspätkommen unangenehm und sein Stolz oder seine Laune ließen eine Entschuldigung nicht zu. Möglicherweise benahm er sich bewusst aggressiv, um alle auf Distanz zu halten und zu verhindern, dass ihn jemand nach den Gründen für sein Zuspätkommen fragte.

Wir können es meist nicht wissen, wir interpretieren nur, was wir sehen. Eines aber können wir mit hoher Wahrscheinlichkeit annehmen: dass er seine Ritterrüstung an diesem Tag ganz fest geschlossen hatte. Wenn wir also das Verhalten unserer Gesprächspartner wirklich verstehen wollen, müssen wir einen Weg finden, hinter ihr Visier zu schauen. Dazu müssen wir unsere Beobachtungsgabe schärfen.

Damit sind wir bei der ersten Übung in diesem Buch. Wenn Sie möchten, versuchen Sie diese kleine Meditation doch jetzt gleich – oder Sie nehmen sich etwas später Zeit dafür.

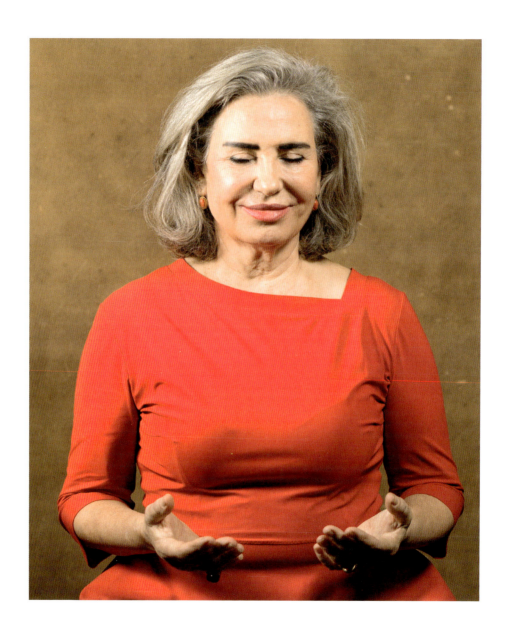

BEGEGNUNG MIT SICH SELBST

Ziel dieser Übung ist es, sich ein bisschen aus dem Trubel des Alltags zurückzunehmen und zur Ruhe zu kommen.

1. Suchen Sie sich einen ruhigen, ungestörten Platz.
2. Sie können liegen oder sitzen, je nachdem, wie Sie sich wohler fühlen.
3. Versuchen Sie, in dieser Stellung ruhig zu verharren.
4. Atmen Sie tief in Unterbauch und Rücken.
5. Lassen Sie Ihre Gedanken kommen.
6. Lassen Sie Ihre Gedanken gehen.
7. Nehmen Sie Ihre Gedanken einfach zur Kenntnis.

Diese Begegnung mit sich selbst soll Ihnen helfen, in einen neutralen Bewusstseinszustand zu kommen. Wenn es Ihnen gelingt, zwei Minuten lang in dieser Haltung zu bleiben, sind Sie auf dem besten Weg. Eine Alternative dazu ist das „Narrnkastl". Sie wissen, das ist diese kurze Zeit, in der Sie geistesabwesend ins Leere schauen, wenn Ihr Blick nichts konkret erfasst und Ihre Gedanken eine Pause einlegen.

Oder Sie stellen die Ohren auf Durchzug. Vor Ihrem geistigen Auge sehen Sie, wie ein Gedanke bei einem Ohr hineinzischt und beim anderen wieder hinaus – ohne Aufenthalt dazwischen. Wählen Sie die Vorstellung, die für Sie am besten passt. Wichtig ist nur, dass Sie zur Ruhe kommen – und das können Sie mit ein bisschen Übung in jeder Umgebung.

SPÜREN SIE SICH GANZ

Ziel dieser Übung ist es, in kurzer Zeit neue Kraft zu tanken – einfach zwischendurch in der Mittagspause.

Setzen Sie sich in eine ruhige Ecke. Wenn Sie Gelegenheit dazu haben, können Sie bei dieser Übung auch liegen. Schließen Sie die Augen, atmen Sie tief durch und versuchen Sie, Ihren Kopf auf „Durchzug" zu stellen. Alles, was Sie hören, jeder ungebetene Gedanke, geht bei einem Ohr hinein und beim anderen wieder hinaus. Sie können sich später damit beschäftigen.

Dann verbinden Sie sich gedanklich mit Ihrem Körper, ohne ihn auch nur im Geringsten zu bewegen. Beginnen Sie mit den Füßen. Denken Sie an Ihren linken Fuß. Spüren Sie die große Zehe, dann die zweite, die dritte, die vierte und die kleine.

Dann wechseln Sie im Geist zum rechten Fuß, beginnen wieder bei der großen Zehe und denken alle durch. Danach wandern Sie langsam nach oben, spüren zuerst Ihre linke Wade und dann Ihre rechte, Ihr linkes Knie und Ihr rechtes, ihren linken und Ihren rechten Oberschenkel. Sie kommen bei der Hüfte an und wandern langsam weiter über den Bauch bis zum Rippenbogen.

Erleben Sie, wie Ihr Atem Ihren Bauch bewegt, dann spüren Sie in Ihren Brustkorb. Jetzt wandern Sie weiter über Ihren linken Arm zu den Fingern Ihrer linken Hand, dann zurück über den Unterarm, den Ellbogen und den Oberarm bis zur Schulter. Wandern Sie in Gedanken über die Schulter weiter zu Ihrem rechten Arm, zu Ihrer rechten Hand bis in die kleinste Fingerspitze.

Kehren Sie zurück zu Ihren Schultern und wandern Sie über Ihren Hals bis zu Ihrem Kopf. Bevor Sie zum Ende kommen, spüren Sie Ihren ganzen Körper sehr bewusst – spüren Sie ihm mehrere Male nach. Danach sind Sie körperlich und geistig völlig entspannt.

Nun tauchen Sie langsam wieder auf. Ihre Augen sind immer noch geschlossen, aber Sie beginnen, Ihre Gliedmaßen zu bewegen. Stellen Sie sich vor, dass Sie in helles Licht getaucht sind, und spüren Sie, welche Glücksgefühle dieses Bild in Ihnen auslöst.

Dann öffnen Sie Ihre Augen, richten sich auf und sagen sich: „Heute bin ich richtig gut drauf."

Eine Entspannungsübung wie diese wird Ihnen viel mehr Erholung bringen als die Zigarette zwischendurch, die Sie schnell vor der Bürotür inhalieren. Sie wird Ihnen auch mehr Entspannung bringen als jede Ablenkung auf dem Handy, gleich ob Sie mit Ihren Facebook-Freunden kommunizieren oder sich ganz rasch die neuesten Tweets durchlesen.

Lassen Sie sich von anderen nicht ablenken, schenken Sie sich selbst Ihre Aufmerksamkeit. Mit der nachfolgenden Übung verschaffen Sie sich neue Frische.

DER WEISSE LICHTREGEN

Ziel dieser Übung ist es, den Kopf frei zu bekommen und sich geistig erfrischt zu fühlen.

Setzen Sie sich aufrecht hin. Richten Sie die Wirbelsäule und Ihren Hals senkrecht aus. Spüren Sie, wie Ihr Kopf am obersten Wirbel thront.
Jetzt atmen Sie tief durch bis in den Unterbauch. Spüren Sie hin zu Ihrem Steißbein und Ihren Pobacken. Stellen Sie sich vor, dass dort ein kleiner weißer Tischtennisball liegt. Ziehen Sie die Pobacken ruckartig zusammen und werfen Sie diesen kleinen Ball in Ihrer Vorstellung entlang Ihrer Wirbelsäule nach oben bis zu den Schultern.
Beim zweiten Mal schleudern Sie ihn schon höher bis in den Kopf. Dort zerspringt er in Tausende kleine Lichter und Fäden, die sich kühlend in Ihrem Kopf ausbreiten.
Nun nehmen Sie den nächsten Tischtennisball und schicken ihn in ihren Kopf, wo er wieder in kühles Licht zerspringt. Wiederholen Sie diese Übung noch zweimal. Beim fünften Durchgang schießt der Ball über das Ziel hinaus und zerplatzt einen halben Meter über Ihrem Kopf. Sein helles Licht regnet kühl und silbrig auf Sie herunter und läuft über Ihren Kopf und Ihren ganzen Körper. Und weil dieses Gefühl so angenehm ist, schicken Sie ihm noch zwei Bälle hinterher, die Ihnen nochmals kühlenden Regen silbrigen Lichts schenken.
Es ist wichtig, dass Sie sich diesen Regen kühl vorstellen. Wenn Ihr Kopf voller Gedanken ist, fühlt er sich ohnehin viel zu warm an.

Vielleicht hilft Ihnen auch ein Gedicht, Ihre innere Ruhe zu finden. Suchen Sie sich einen stillen Raum, setzen Sie sich mit geradem Rücken auf einen Stuhl oder stellen Sie sich mit beiden Beinen gut geerdet hin.

Haben Sie keine Angst davor, das Gedicht laut und mit Gefühl zu lesen. Versuchen Sie es und spüren Sie nach, wie Sie sich dabei fühlen. Ist es Gelassenheit oder der Wunsch, etwas zu unternehmen? Taucht das konkrete Bild eines vor Ihnen liegenden Weges auf oder vielleicht ein blauer Himmel mit zarten Wolken? Sind es immer die gleichen Empfindungen, gleich zu welcher Tageszeit oder in welcher Verfassung Sie dieses Gedicht lesen?

WEG NACH INNEN

Wer den Weg nach Innen fand,
wer in glühendem Sichversenken
je der Weisheit Kern geahnt,
dass sein Sinn sich Gott und Welt
nur als Bild und Gleichnis wähle:
Ihm wird jedes Tun und Denken
Zwiegespräch mit seiner eignen Seele,
welche Welt und Gott enthält.

Hermann Hesse

Alles dreht sich um Haltung

Die Geschichte der unangenehmen Vorstandssitzung und die möglichen unterschiedlichen Sichtweisen darauf zeigen uns, dass sich unsere Kommunikationsformen deutlich verändert haben und immer weiter verändern. Deshalb brauchen wir einen neuen Zugang zur Körpersprache. Mit den Konventionen haben wir auch Sicherheit verloren.

Wir gewinnen immer mehr den Eindruck, dass wir uns gegen die Übermacht der anderen wehren müssten. Wir denken, dass wir allein für unsere Anliegen kämpfen müssen. In einer Form von Überreaktion flüchten wir z. B. in die Aggression. Und so kommt es zu der paradoxen Situation, dass unser modernes Leben viel mehr Sensibilität von uns verlangt, während der zwischenmenschliche Umgang immer härter wird.

Wir können uns aus diesem Teufelskreis befreien, indem wir die Verantwortung für unseren Selbstwert übernehmen. Ehrlichkeit den eigenen Gefühlen gegenüber, uns selbst zu spüren und die Schönheit der Würde und der Stärke zu spüren, die uns das Leben geschenkt hat – all das führt zu einer ganz besonderen Ausstrahlung. Diese Ausstrahlung nennen wir Charisma.

Setzen wir unsere persönliche Haltung an die Stelle der verloren gegangenen Konventionen. Sie wird uns mehr Sicherheit und Orientierung geben, als Konventionen es je konnten.

Der Weg zur inneren Haltung führt nur über die Beschäftigung mit sich selbst. Es ist wichtig, dass wir dabei vorsichtig mit uns umgehen und uns die Zeit nehmen, die wir brauchen. Die folgende Übung wird Sie sieben bis acht Wochen beschäftigen. Ich weiß, das ist sehr lange, aber glauben Sie mir: Es wird sich für Sie lohnen.

DIE SIEBEN GROSSEN THEMEN DES LEBENS

Ziel dieser Übung ist es, sich intensiv mit den eigenen Gefühlen, Ängsten und Hoffnungen zu beschäftigen.

Wenn Sie diese Übung, die viel Zeit erfordert, konsequent umsetzen, werden Sie nach sieben oder acht Wochen sehr viel mehr über sich selbst, über die Menschen und über die Gesellschaft, in der wir leben, gelernt haben.

Sie werden Ihre innere Haltung auf festen Grundlagen aufbauen können und in Ihrem Auftreten eine neue Selbstsicherheit gewinnen und damit Glaubwürdigkeit ausstrahlen.

Liebe!
Habe keine Angst!
Wandle dich!
Sei wahrhaftig!
Sei ganz!
Sei treu!
Entscheide dich!

In den kommenden sieben Wochen sollten Sie jedem dieser Themen eine Woche widmen. Es ist wichtig, dass Sie dabei die vorgegebene Reihenfolge einhalten.

Sie beginnen mit Liebe. Nehmen Sie die Aufforderung Liebe! in Ihre Gedanken auf und befassen Sie sie eine Woche immer wieder damit. Überlegen Sie, was diese Aufforderung zu lieben für Sie wirklich bedeutet, und zwar nicht abstrakt philosophisch, sondern in konkreten Situationen.

Beobachten Sie Ihre Umgebung und sich selbst und fragen Sie sich: Was ist Liebe, wie fühlt sie sich an? Was spüre ich in mir, wenn ich Liebe fühle?

Fühlt sich die Liebe zu meiner Familie genauso an wie die zu Freunden? Kann ich mich bewusst dafür entscheiden, jemanden zu lieben, oder muss ich darauf warten, dass sich dieses Gefühl einstellt? Wie mag ein Kind, das in der Sandkiste spielt, Liebe empfinden und wie die Großmutter, die ihm zusieht?

Welcher Art ist die Liebe des blinden Mannes zu seinem Hund, der ihn sicher über die Straße führt, und welche Gefühle mag der Hund für ihn haben? Ist es in Ordnung, mich selbst zu lieben, und wie viel Raum will ich dieser Liebe geben?

Lehne ich aus Liebe zu mir selbst eine Bitte anderer um Mithilfe ab oder stelle ich meine eigenen Bedürfnisse aus Liebe zu jemand anderem zurück? Ist es Liebe zu unseren Mitmenschen, die uns dazu bewegt, uns ehrenamtlich zu engagieren, oder beruhigen wir damit nur unser Gewissen, das uns sagt, dass sich das so gehört?

Wo fängt Liebe an und wo hat sie ihrer Grenzen?

Was bedeutet Lieben ganz konkret für mich als Mensch mit meiner Lebensgeschichte? Wie beeinflusse ich das Leben anderer mit mei-

ner Liebe? Was würde sich verändern, würden wir uns alle mit mehr Liebe begegnen?

Sie sehen, eine Woche wird kaum ausreichen, um dieses Universum der Liebe zu durchdenken.

Wenn Sie das Gefühl haben, dass Sie zum nächsten Thema gehen können, dann wenden Sie sich dem Thema Angst zu. Gehen Sie vor wie bei der Liebe und durchdenken Sie das Thema umfassend: Wie fühlt es sich an, Angst zu haben? Was ist es, was Sie ängstigt? Was ist Angst und was ist Furcht? Wie können Sie Ihre Ängste überwinden? Schützt Ihre Angst Sie vor unüberlegten, riskanten Schritten? Ist es möglicherweise gut, ein wenig ängstlich zu sein? Wie wäre es, wenn Sie keine Angst hätten? Was würde sich dadurch für Ihre Familie und Ihren Freundeskreis verändern? Wie würden Wirtschaft und Politik aussehen, wenn wir alle keine Angst hätten?

In den folgenden Wochen setzen Sie die Auseinandersetzung mit „Wandle dich", „Sei wahrhaftig", „Sei ganz", „Sei treu" fort, bis Sie in der siebten Woche bei „Entscheide dich" angekommen sind.

In der achten Woche wird sich Ihr Blick auf alles um Sie herum verändern. Sie werden mit neuen Augen auf sich selbst und auf die Welt schauen. Vielleicht brauchen Sie noch ein paar Tage, um den Veränderungen in Ihrem Inneren nachzuspüren. Schenken Sie sich die Zeit dafür. Sie sind einen weiten Weg gegangen

Wenn Sie diese Übung ernsthaft durchführen, werden Sie sich selbst viel stärker wahrnehmen und Ihre innere Kraft erkennen. Sie werden eine neue Freiheit gewinnen, indem Sie sich von momentanen Wünschen und Ärgernissen befreien. Sie werden erkennen, dass Sie etwas viel Größeres sind als dieses kleine Ich, das Sie bisher zu sein geglaubt haben. Wenn Sie das zulassen, stellt sich ein großes Glücksgefühl ein. Sie werden dieses Glücksgefühl verkörpern. Dann haben Sie einen ganz anderen Tag, ein ganz anderes Leben – und das wird man auch an Ihrem Körper sehen.

Ordnest die Tage,
Webst an der Zeit
Wendest den Kopf
Und stellst fest
Hinter dir liegt
ein großes Paket Leben.

Unbekannt

DIE LICHTKUGEL

Ziel dieser Übung ist es, die eigene Größe wahrzunehmen. Sie erleben, dass Sie nicht ein vereinzelter Mensch in enger Begrenzung sind, sondern Teil eines größeren, wundervollen Ganzen.

Diese Übung eignet sich für einen guten Start in den Tag. Wenn Sie morgens aufwachen, räkeln Sie sich ein wenig in Ihrem Bett. Dann stehen Sie langsam auf und nehmen eine aufrechte, stabile und bequeme Haltung ein. Stellen Sie sich vor, dass hinter Ihrer Stirn eine kleine Lichtkugel zu strahlen beginnt. Können Sie sie sehen und ihre Wärme spüren? Dann lassen Sie diese Kugel durch Ihren Körper wandern und dabei immer größer werden, bis sie Sie wie ein Ei schützend umhüllt.

Die Kugel wandert von Ihrer Stirn über das Gesicht, die Mundhöhle in den Hals und von dort weiter in den Brustraum. Wenn sie in Ihrer Mitte angekommen ist, lassen Sie sie ein bisschen pendeln und schwingen. Dann zieht die Kugel weiter über Ihre Hüften, Ihre Oberschenkel, Ihre Knie bis zu den Füßen. Dort lassen Sie sie einige Sekunden halten, dann macht sie sich wieder langsam zurück auf den Weg zu Ihrem Kopf.

Spüren Sie die Energie und die Wärme dieser Lichtkugel, die sie Ihnen auf ihrer Reise durch Ihren Körper schenkt. Wenn sich das gut anfühlt, schicken Sie die Kugel noch einmal auf ihre Reise und vielleicht noch einmal. Zum Abschluss lassen Sie die Kugel über Ihren Kopf hinaus weiterziehen. Wenn sie über Ihnen schwebt und auf Sie hinunterschaut, spüren Sie eine unglaubliche Kraft.

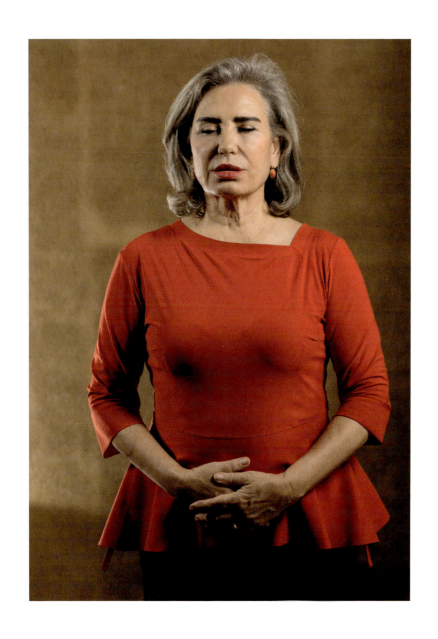

Es genügt aber nicht, dass wir uns mit uns selbst beschäftigen. Wir sollten auch andere besser verstehen lernen. Das können wir nur, indem wir die Menschen um uns herum genauer beobachten. Damit wir das tun können, müssen wir unsere antrainierte Scheu ablegen, denn viele von uns haben als Kinder gelernt, dass es sich nicht gehört, andere Menschen anzustarren. Aber Beobachten heißt nicht Anstarren. Aufmerksames Beobachten bedeutet liebevolle Teilnahme an unserer Umgebung.

Und spätestens bei der folgenden Übung werden Sie sich der Enge Ihrer Ritterrüstung bewusst. Wahrscheinlich tragen Sie sie noch komplett mit geschlossenem Visier? Dann können Sie bei Ihren ersten Beobachtungen völlig unbemerkt durch dessen Sehschlitze blinzeln.

Sobald Sie sich sicherer fühlen, öffnen Sie die Klappe. Sie werden bemerken, wie viel mehr von Ihrer Umwelt Sie plötzlich wahrnehmen. Aber seien Sie sich bewusst: Sobald Sie ohne Visier in die Welt schauen, schaut die Welt auch ohne Visier auf Sie zurück. Nehmen Sie diese Herausforderung an – und in naher Zukunft vielleicht sogar den ganzen Helm ab.

U-BAHN-ÜBUNG

Ziel der Übung ist es, die Körpersprache anderer Menschen besser verstehen zu lernen.

Sie können diese Übung auf dem Weg in die Arbeit in der U-Bahn durchführen oder wenn Sie auf die Straßenbahn warten. Der Ort spielt keine Rolle, Sie brauchen nur fremde Menschen um sich.
Beginnen Sie mit einer leichten Atemübung: Atmen Sie tief durch die Nase ein und drücken Sie die Luft über den Rücken bis in den Unterbauch. Dann atmen Sie wieder langsam durch die Nase aus. Wiederholen Sie diese Atmung in Ihrem Rhythmus sieben Mal – und kümmern Sie sich nicht darum, ob jemand ihre tiefe Atmung wahrnimmt. Nun suchen Sie sich einen Menschen in Ihrer Nähe aus und versuchen Sie zu erspüren, wer er oder sie sein könnte. Wie ist die Körperhaltung, wie die Mimik? Schaut er ins Leere oder auf sein Handy? Fährt er in die Arbeit oder kommt er vom Sport?
Achten Sie auf jedes Detail. Fahren Sie alle Ihre Antennen aus und erkennen Sie auch kleine Signale. Beobachten Sie die Gefühle, die dabei in Ihnen entstehen, und nehmen Sie sie an, ohne sie zu bewerten oder zu beurteilen. Wenn Sie meinen, den anderen vollständig erfasst und erspürt zu haben, atmen Sie wieder tief ein und aus und beenden Sie diese Übung bewusst. Sollte Ihr Gegenüber aussteigen, bevor Sie mit Ihren Beobachtungen fertig sind, können Sie diese Übung auch ohne die Person zu Ende führen. Schließen Sie die Augen und Sie werden sie weiter vor sich sehen.
Je öfter Sie diese Übung durchführen, desto leichter wird sie Ihnen fallen. Sie schulen damit Ihr Sensorium für kleine körperliche Signale.

Je mehr Sie über die Körpersprache anderer erfahren, desto mehr werden Sie über Ihre eigene wissen wollen. Glücklicherweise ist Körpersprache keine Fremdsprache, die wir in Kursen lernen müssen. Körpersprache ist intuitiv, sie kommt aus unserer inneren Haltung.

Wir müssen sie nur wieder neu entdecken. Um das zu unterstützen, statten Sie Ihrem inneren Kind einen Besuch ab. Doch bevor Sie das tun, möchten Sie bestimmt den Helm und die Handschuhe Ihrer Ritterrüstung ablegen.

BESUCH BEI MEINEM INNEREN KIND

Ziel dieser Übung ist es, sich selbst besser verstehen zu lernen. Gehen Sie sorgsam mit sich um. Sollten Ihre Gefühle Sie überwältigen, dann beenden Sie die Übung mit dem guten Gefühl, sie zu einem anderen Zeitpunkt nochmals beginnen zu können.

Stellen Sie sich vor, Sie schauen durch ein Fenster und sehen sich selbst als Kind. Bestimmen Sie Ihre Position genau: Beobachten Sie das Kind von außen und schauen in einen Raum hinein oder ist es umgekehrt? Ist Ihr inneres Kind im Garten und Sie stehen im Zimmer? Wer ist draußen, wer ist drinnen? Wer bewegt sich und wer verhält sich still? Welches Ereignis kommt Ihnen als Erstes in den Sinn? Spüren Sie nach, wie sich das Kind in dieser Situation fühlt.

Nun überwinden Sie in Ihrer Vorstellung die gläserne Abtrennung. Sprechen Sie das Kind an und fragen Sie es nach seinen Wünschen, Träumen und Sehnsüchten. Versuchen Sie, das Kind kennenzulernen. Nehmen Sie ernst, was es sich wünscht.

Hören Sie genau zu. Und dann sagen Sie ihm, dass Sie ihm helfen werden, seine Wünsche zu erfüllen. Behandeln Sie einander liebevoll. Lassen Sie die Intimität zu, die zwischen Ihnen beiden entsteht.

Wenn Sie das Gefühl haben, dass die Situation vertraut und sicher ist, können Sie sich wieder verabschieden. Bedanken Sie sich bei Ihrem inneren Kind, dass es Sie in seine Welt eingeladen hat. Versprechen Sie ihm, dass Sie an der Erfüllung seiner Wünsche arbeiten werden.

Nach wenigen Tagen kommen Sie zurück und durchleben gemeinsam mit Ihrem inneren Kind eine neue Situation. So nähern Sie sich ihm an, und lernen, die Gründe für sein Verhalten zu erkennen.

Gewinnen Sie Souveränität

Es ist noch nicht lange her, dass die ganze Welt fasziniert war von einem charismatischen Politiker aus den USA. Mit seinen Reden begeisterte er Menschen in Amerika, Afrika, Asien und Europa gleichermaßen. Diese Kulturen überbrückende Verständigung war nur möglich, weil er authentisch war, weil sein Inneres und sein Äußeres die gleiche Sprache sprachen.

Die Rede ist von Barack Obama. Er hat sich an keine Konventionen gehalten, hat tradierte Regeln einfach negiert. Wenn er am Rednerpult stand, hat er sich meist ein wenig von seinem Publikum weggedreht. Oft hat er den Zeigefinger erhoben. Aber er hat damit nicht gedroht, sondern seine Aussagen verstärkt. Dass wir ihn trotz dieser widersprüchlichen Signale verstanden haben, liegt mit Sicherheit daran, dass er authentisch war.

Aufgewachsen in bescheidenen Verhältnissen hat er als Schwarzer an einer weißen Elite-Universität studiert und ist als Mitarbeiter einer Sozialeinrichtung in Chicago und danach kurzfristig in einer renommierten Anwaltskanzlei immer bei sich geblieben.

Er hat sein inneres Kind beschützt, war mit sich selbst absolut im Einklang. Jemand, der mit sich eins ist, bezieht daraus eine unglaubliche Kraft und das wiederum beeindruckt seine Zuhörer. Barack Obama ist seinen Gesprächspartnern ohne Ritterrüstung entgegengetreten. Er hat sich mit seiner ganzen Persönlichkeit gezeigt.

Sich so offen zu bewegen, macht natürlich auch verletzlich und kann schmerzhaft sein. Wie wir mit Schmerz umgehen, ist wiederum Ausdruck unserer Persönlichkeit. Wollen wir uns verschließen und vielleicht künftigen ähnlichen Situationen aus dem Weg gehen oder wollen wir nicht doch lieber offen bleiben und auch etwas riskieren, daraus lernen und daran wachsen? Wie kommen wir unserem Ziel, eine souveräne Person zu sein, am besten näher?

Ich bin davon überzeugt: Souveränität kann nur aus der Beschäftigung mit sich selbst erwachsen, aus der Arbeit am „Selbst-Bewusstsein". Ruht unsere Körpersprache auf dem Fundament einer gereiften Persönlichkeit, die sich ihres Charismas bewusst ist, wird der körpersprachliche Ausdruck authentisch sein.

Dann müssen wir auch nicht darüber nachdenken, welche Geste im jeweiligen Moment angebracht ist. Die richtige Geste wird dann von ganz allein kommen. Wenn wir innerlich ausgeglichen sind, geht uns alles spielerisch von der Hand.

Aber wir sind nicht immer innerlich ausgeglichen. Oft sind wir nervös oder aufgebracht und würden am liebsten aus der Haut fahren. Wenn Sie jemals versucht haben, diese starken Gefühle vor einem Auftritt oder vor einem Konfliktgespräch zur Seite zu drängen, dann wissen Sie, dass das nicht geht. Ihre einzige Chance ist, zu akzeptieren, dass diese Gefühle Teil Ihrer Persönlichkeit sind, und dazu zu stehen.

Wir können einen inneren Kampf gegen uns selbst nicht gewinnen. Wir sollten uns so annehmen, wie wir sind, sollten in uns Ordnung schaffen und unser Auftreten bewusst wertschätzend gestalten, auch wenn es in der Sache hart hergeht. Das Gegenüber wird diese innere Ordnung intuitiv wahrnehmen – und das ändert alles.

Versetzen Sie sich zurück in eine konfliktreiche Situation, die Sie in Ihrem Leben bewältigen mussten. Stellen Sie sich vor, Sie sehen sich selbst, wie sie entweder nervös zappelnd oder wütend aggressiv Ihre Argumente vorbringen. Und rufen Sie die Gefühle ab, die das bei Ihnen auslöst: Ablehnung, Aggressivität, Geringschätzung?

Und jetzt stellen Sie sich vor, dass Sie sich selbstbewusst an den Tisch setzen und anerkennen, dass eine schwierige Verhandlung vor Ihnen liegt und Ihr Interesse darin besteht, für beide Seiten die bestmögliche Lösung zu finden. Welche Emotionen löst das in Ihnen aus? Wahrscheinlich eine hohe Bereitschaft zur Kooperation.

Seien Sie sich bewusst: Es ist allein Ihre Entscheidung, mit welchen Gefühlen und Erwartungen Sie in ein Gespräch gehen. Wählen Sie Offenheit und ehrliches Interesse an einer guten Lösung, dann werden Sie die Situation auch in diese Richtung lenken.

EINE FRAGE DER HALTUNG

Souveräne Körpersprache geht mit authentischer Haltung einher, mit einer festen Verankerung im Boden. Denken Sie an das Bild einer Königin und rufen Sie sich vor Augen, wie sie sich präsentiert. Das können auch Sie: aufrecht, mit erhobenem Kopf, die Beine hüftbreit, die Schultern locker und die Arme frei, um sich zu bewegen.

Aber wohin mit den Händen? Fällt Ihnen bei dieser Frage nicht sofort Angela Merkel ein? Selbst wenn sie die politische Bühne eines Tages verlassen haben wird, ihre Körper- und Handhaltung werden bleiben. Mit der „Merkel-Raute" hat sie ein neues körpersprachliches Signal erfunden. Sobald sie frei steht und spricht, hält sie ihre Hände vor ihren Bauch, vor ihre innere Mitte, und formt damit eine Raute.

Diese Haltung gibt im wahrsten Sinn des Wortes Halt. Indem die Hände vor ihrer Mitte ruhen, ruht ihr ganzer Körper. Die Hände berühren sich und bilden so einen Kreislauf. Sie signalisieren eine leichte, positive Spannung. Und sie zeigen auch: Ich führe Dinge zusammen. Ihre ganze Körperhaltung ist unverkrampft, souverän.

Nun können wir nicht einfach die Merkel-Raute nachahmen, wenn wir mit unseren Händen eine Art von Halt oder Haltung suchen. Aber wir können die Idee verinnerlichen und unsere ganz persönliche Merkel-Raute entwickeln.

Wenn Sie das Gefühl haben, dass Sie die Hände in die Hosentaschen stecken müssen, dann tun Sie das. Es könnte aber auch sein,

dass Sie merken, dass Sie die Hände zum Reden brauchen – und dann folgen Sie diesem Gefühl.

Es gibt Menschen, die beim Sprechen ruhig wie ein Fels vor einem stehen – und es passt. Andere gehen auf und ab wie ein Tiger im Käfig, auch das kann sich richtig anfühlen. Es gibt Menschen, deren Hände sich beim Sprechen genauso viel bewegen wie ihr Mund – und auch das ist in Ordnung.

Jeder sollte so sprechen, wie es seiner Persönlichkeit entspricht. Versuchen Sie keine körpersprachlichen Tricks, die anderen würden Sie sofort entlarven. Wenn Sie mit sich im Reinen sind, können Sie nichts falsch machen. Ihr Kopf, Ihre Hände und Ihre Beine gehören zu Ihnen – und wenn Sie sich mit Ihrem ganzen Körper ausdrücken möchten, dann tun Sie das.

Sollten Sie bemerken, dass Sie aus der inneren Balance geraten, dann denken Sie daran, ruhig zu atmen. Das klingt einfach, beinahe banal. Aber es funktioniert immer und überall. Theoretische Anleitungen, die Sie einmal gelernt haben, werden Ihnen in aufgeregten Momenten ohnehin nicht einfallen. Darauf können Sie sich nicht verlassen. Auf Ihren Atem aber schon. Je besser Sie Ihre Atmung trainieren, desto schneller werden Sie sich zur Ruhe bringen, desto schneller sind Sie in Ihrer Mitte. Die entsprechenden Übungen dafür finden Sie im nächsten Kapitel.

Trotzdem werden wir immer wieder in Situationen kommen, die uns unangenehm sind. Ich habe hier einige typische für Sie zusammengefasst, vielleicht erkennen Sie sich in der einen oder anderen wieder.

Der Rettungsring-Sucher:

Wenn Sie ein Mikrofon in Ihren Händen halten, dann ergreifen Sie es ganz entspannt. Es ist kein Rettungsring, an den Sie sich panisch klammern. Es ist viel zu klein, um Sie vor dem Ertrinken zu retten. Es ist auch nicht groß genug, um sich dahinter zu verstecken. Es ist nur ein Werkzeug, nicht mehr. Papier oder Moderationskärtchen sind übrigens auch keine Schwimmhilfen. Das Tablet, das Sie an die Brust drücken, erstickt Ihren Atem und die hochgezogenen Schultern können Ihren Kopf auch nicht wirklich verstecken. Viel besser ist jetzt: eine Sprechpause einlegen, tief Luft holen, sich groß machen, ausatmen, die Arme leicht ausbreiten. Und dann geht es weiter.

Der Hubschrauber:

Während die einen hoffen, hinter einem Mikro verschwinden zu können, setzen die anderen eher auf die Methode „Hubschrauber". Sie beginnen mit den Armen zu rotieren, tänzeln hin und her, beginnen zu wippen und manchmal sogar leicht zu hüpfen. Auch hier muss ich Sie enttäuschen: Sie werden nicht wegfliegen können, um der Nervosität und Ihrem Publikum zu entkommen. Jetzt könnten Sie daran denken, was es an guten Ratschlägen gibt: Bleibe locker! Halte die Arme ruhig! Ellbogen nach unten – und bei all dem Denken der Panik noch ein Stück näherkommen. Aber Sie bleiben smart und atmen in Ihre Mitte. Sie legen eine kurze Pause ein, sammeln sich und weiter geht's.

Die Körpersprache-Krieger:

Manchen Menschen geht es immer zu langsam. Die Verhandlung stockt, das Gegenüber will einen bestimmten Aspekt einfach nicht verstehen. Sie werden nervös und greifen zu einer altbewährten Taktik: Angriff, zumindest körpersprachlich.

Sie beugen sich im Sitzen nach vor, reißen die Augen auf, die Hände gehen nach oben, in Kopfhöhe und darüber hinaus. Der Raum wird eng. Der „Krieger" hat die Zeichen auf Angriff gesetzt. Das Gegenüber passt sich körpersprachlich an, rückt ab, verschränkt die Arme. Jetzt wäre der Moment gekommen, in dem der „Krieger" nachdenkt, ob er dieses Gespräch noch zu einem guten Ende führen oder sein Gegenüber definitiv abschrecken möchte. Jetzt ist der Moment da, um tief Luft zu holen und langsam auszuatmen. Überlegen Sie kurz, ob es diesen massiven körpersprachlichen Einsatz braucht. Machen Sie eine Pause. Denken Sie an Ihre Mitte. Und dann geht es weiter.

Die Zupfler:

Liegt die Halskette richtig, sitzt der Ohrring? Ist da ein Fussel an der Jacke? Manche Menschen haben scheinbar unendlich viel zu tun, während andere reden oder sie selbst präsentieren. Sie „zupfen" an sich herum, streifen sich ständig über den Kragen oder richten sich die Haare. Sie finden Brösel, wo keine sind. Das Einzige, was offensichtlich da ist, ist ihre Unsicherheit. Die versuchen sie mit dem „Gezupfel" auszugleichen.

Aber es gibt keinen Grund, unsicher zu sein. Denken Sie an Ihre Mitte! Wie geordnet eigentlich Ihr inneres Königreich ist. Sie brauchen sich nicht um Fussel zu kümmern. Legen Sie Ihre Hände in den Schoß. Atmen Sie durch! Und jetzt geht es weiter.

Die Schluffis:
Die Schluffis balancieren am schmalen Grat zwischen lässiger Körperhaltung und dem Ausdruck unendlicher Müdigkeit. Ihr Körper hat keine Spannung, ihre Gesten wirken antriebslos. Diese Menschen wirken schlaff und demotivierend. Die Hände hinter dem Kopf verschränkt, vielleicht noch die Beine ausgestreckt und einen müden Witz auf den Lippen, kippt die Körperhaltung von „gelassen" schnell zu „desinteressiert".

Wenn Sie diese Haltung an sich bemerken, richten Sie sich auf! Das Leben rund um Sie ist ja auch Ihr Leben, gestalten Sie es aktiv mit. Holen Sie tief Luft und tanken Sie sich richtig mit Sauerstoff voll, damit Ihr Körper wieder auf Touren kommt. Und jetzt geht es weiter.

Die Verschämten:
Über die Scham gibt es zahlreiche Untersuchungen, die aber zu keinem klaren Ergebnis kommen. Vielleicht, weil es ein schwer greifbares Gefühl ist und wir oft nicht genau wissen, warum wir uns überhaupt schämen.

Aus irgendeinem Grund fühlen wir uns klein und minderwertig. Möglicherweise sind es Statussymbole anderer, die uns verunsichern, oder die Tatsache, dass uns ein Konkurrent in der Besprechung das Heft aus der Hand genommen hat.

Es gibt aber auch kulturelle Normen, die genau definieren, wie man sich körpersprachlich zu verhalten hat, um dem Status von (vermeintlich) höher und tiefer Gestellten gerecht zu werden. Die Verschämten sinken in sich zusammen, machen sich klein, verstecken ihren Mund hinter der Hand, überlassen den Raum allen anderen. Jetzt ist der Moment gekommen, viel Luft zu holen, groß zu werden, sich aufzurichten – und auf Augenhöhe weiterzumachen.

Jeder von uns greift auf die Strategie zurück, die sich in seiner persönlichen Lebenserfahrung am besten bewährt hat. Wir flüchten uns in den Schutz dieser Erfahrungen, aber dieser Schutz ist nur ein scheinbarer. In Wirklichkeit versperren wir uns damit selbst den Weg zu den unzähligen Bewegungsmöglichkeiten unseres Körpers. Das müssen wir uns bewusst machen und das können wir durch einfaches, regelmäßiges Training üben. Dafür müssen wir uns allerdings etwas Zeit nehmen.

ENTWICKELN SIE HALTUNG

Ziel dieser Übung ist es, sich mit der eigenen Körperhaltung vertraut zu machen und eine angenehme Haltung zu finden. Diese Übung ist in drei Schwierigkeitsgraden aufgebaut. Folgen Sie in Ihrem eigenen Tempo. Beginnen Sie mit Schwierigkeitsgrad 1. Erst wenn Sie sich bei dieser Übung sicher fühlen, gehen Sie weiter zu Stufe 2 und erst wenn Sie diese beherrschen, zu Stufe 3.

Schwierigkeitsgrad 1 – mit geschlossenen Augen:

Stellen Sie sich barfuß vor einen Spiegel, sodass Sie Ihren ganzen Körper sehen können. Sehen Sie sich an. Lockern Sie dabei Kopf, Nacken und Schultern. Nun schließen Sie die Augen und atmen tief ein und aus. Lenken Sie Ihren Atem über Ihren Rücken bis in die Beine und spüren Sie, wie sich Ihr Rücken dabei aufrichtet.

Atmen Sie vom Bauch über die Schultern bis in den Kopf und darüber hinaus bis in den Himmel. Stellen Sie sich vor, dass alles hell und licht wird. Wiederholen Sie diese Atemübung zehn Mal. Dann öffnen Sie langsam Ihre Augen, lockern Sie nochmals Kopf, Nacken und Schultern und freuen Sie sich über die neue Energie in Ihnen.

Schwierigkeitsgrad 2 – mit geöffneten Augen

Stellen Sie sich barfuß vor einen Spiegel, sodass Sie Ihren ganzen Körper sehen können. Sehen Sie sich an. Lockern Sie dabei Kopf, Nacken und Schultern. Aber diesmal bleiben die Augen geöffnet. Ihr offener Blick wird Sie sehr ablenken.

Spüren Sie nach, was in Ihnen passiert, wenn Sie sich im Spiegel beim Atmen beobachten. Atmen Sie tief ein und aus. Lenken Sie Ihren Atem über Ihren Rücken bis in die Beine und spüren Sie, wie sich Ihr Rücken dabei aufrichtet.

Atmen sie vom Bauch über die Schultern bis in den Kopf und darüber hinaus bis in den Himmel. Stellen Sie sich vor, dass alles hell und licht wird. Fokussieren Sie, bleiben Sie im sanften Rhythmus Ihrer Atmung. Wiederholen Sie diese Atemübung zehn Mal, lockern Sie nochmals Kopf, Nacken und Schultern und spüren Sie Ihre Mitte.

Schwierigkeitsgrad 3 – mit geöffneten Augen in der Öffentlichkeit
Sie befinden sich im öffentlichen Raum. Fokussieren Sie sich auf Ihren Körper. Sehen Sie sich an. Lockern Sie dabei Kopf, Nacken, und Schultern. Sehen Sie sich um und atmen Sie tief ein und aus. Lenken Sie Ihren Atem über Ihren Rücken bis in die Beine und spüren Sie, wie sich Ihr Rücken dabei aufrichtet.
Atmen Sie vom Bauch über die Schultern bis in den Kopf und darüber hinaus bis in den Himmel. Stellen Sie sich vor, dass alles hell und licht wird.
Nehmen Sie die Umgebung wahr, sie ist da, aber in diesem Moment nicht wichtig. Lassen Sie sich nicht ablenken, konzentrieren Sie sich vollkommen auf Ihre Atmung. Bleiben Sie in der sanften Bewegung des Ein- und Ausatmens. Wiederholen Sie diese Atemübung zehn Mal, lockern Sie nochmals Kopf, Nacken und Schultern und spüren Sie Ihre Haltung.

Je öfter Sie diese Atemübung durchführen und je höher Sie im Schwierigkeitsgrad kommen, desto rascher können Sie innere Ruhe und eine stabile Körperhaltung finden. Dann werden Ihnen schon einige wenige konzentrierte Atemzüge helfen, um Ihren Rücken aufzurichten, Ihre Beine zu erden und mit einem freundlichen Lächeln z. B. den Sitzungsraum zu betreten, in dem ein Ihnen wichtiges Thema verhandelt wird.

Wir Mitteleuropäer neigen dazu, das Leben sehr ernst zu nehmen. Wir betrachten unsere Probleme, wälzen sie hin und her und packen sie dann mit Ernsthaftigkeit an. Andere Kulturen nehmen vieles leichter. Sie sehen das Leben als Spiel, und sind sich selbst dabei das Wichtigste.

Und wie sollte es auch sonst sein? Wer ist wichtiger in Ihrem Leben als Sie selbst? Diese Haltung ist nicht egoistisch. Es ist Ihr Leben, Sie gestalten es – und ob Sie darin die erfolgreiche Vorstandsvorsitzende sein wollen oder Mutter Teresa, ist Ihre Entscheidung. Beides ist richtig, beides wird gebraucht.

Mit Ihrer inneren Haltung ordnen Sie Ihr Leben und nehmen Einfluss auf das anderer. Sie sind der Souverän Ihres Lebens, die Königin Ihres eigenen Inneren. Als Souverän betrachten Sie regelmäßig Ihr Reich und Ihre Reichsgrenzen. In Ihrer Vorstellung schreiten Sie mit erhobenem Kopf über Gipfel und Täler, schauen auf glasklare Seen, durchqueren aber auch so manchen Sumpf.

Manchmal verbirgt sich ein Teil Ihres Reiches im Nebel, ein anderer liegt im Sonnenschein. Sie schauen auf die Regionen, wo Freude und Glück wohnen, aber auch in die dunkleren Ecken, wo Ängste und Furcht zu Hause sind. Und Sie spüren: „Das alles gehört zu mir!" Dieses Geschenk des Lebens in seiner ganzen Tiefe erfasst auch dieses Gedicht:

Innehalten

*Betrachte jeden Baum und merke,
auf jedem Baum ist jedes Blatt
ein Blatt von einem Buch,
darin der Herr der Stärke
die Schöpfung aufgezeichnet hat.*

*Saadî
(persischer Dichter)*

Dieses Hinsehen und Akzeptieren der ganzen Vielfalt Ihres Lebens und Ihres Inneren verfolgt vor allem ein Ziel: das Leben reicher zu machen, wilder, lustiger und spannender. Mit neuer Sensibilität können Sie schneller herausfinden, welche Situationen Sie selbstsicher und glücklich, welche Sie ängstlich oder traurig machen. Alle diese Gefühle gehören zu Ihnen.

Die Suche nach der eigenen Mitte ist wie eine „Inventur des Ichs" – und wie jede Inventur, müssen wir auch diese regelmäßig wiederholen. Dafür brauchen Sie keinen Therapeuten und keinen Coach. Sie brauchen nur ein wenig Ruhe, Stille, den Willen und die Disziplin, sich immer wieder selbst zu begegnen.

NACHDENKEN ÜBER DEN TAG

Ziel dieser Übung ist es, Ihren persönlichen Mustern auf die Spur zu kommen. Durch die genaue Analyse lernen Sie, eingefahrene Reaktionen zu erkennen und Alternativen zu finden.

Lassen Sie die Ereignisse des Tages noch einmal Revue passieren. Wählen Sie die drei markantesten Ereignisse des Tages aus und versuchen Sie, sich an die dazugehörigen Gefühle zu erinnern. Worüber haben Sie sich wirklich gefreut, was hat Sie verärgert? Welche Menschen haben Sie in diesen Situationen begleitet und wie könnten sie das Ereignis wahrgenommen haben? Überlegen Sie, ob Sie in der jeweiligen Situation auch anders hätten reagieren können. Und wenn ja, was wäre anders gelaufen und wie hätten Sie sich dabei gefühlt?
Wenn Sie mit der Reflexion Ihres Tages einschlafen, lernen Sie immer schneller, in Ihre Emotionen zu kommen, und verlieren damit die Angst davor. So kommen gute Bilder in Ihre Erinnerung. Wenn Sie diese Bilder gleich in der Früh notieren, schärfen Sie Ihr Bewusstsein für die Eigenheiten und Schönheiten des Lebens und die Besonderheiten, die einem widerfahren.
So lernen wir Tag für Tag, unseren Alltag ein klein wenig bewusster zu gestalten. Legen Sie sich also ein hübsches Notizbuch und einen schönen Stift neben Ihrem Bett bereit – für schöne morgendliche Gedanken.

Für diese Innenschau haben sich in allen Kulturen unterschiedliche Methoden entwickelt wie beispielsweise Exerzitien, Mediation und Yoga. Gemeinsam ist ihnen allen die Zeit des Schweigens. Nur in der Stille können wir das eigene Ich hören, spüren und erfühlen. Ignatius von Loyola nannte es das „Spüren und Schmecken der Dinge von Innen".

In der Vorstellung des Souveräns bedeutet „Innehalten" das Wahrnehmen dessen, was in Ihrem Königreich geschieht. Welche Gebiete erfüllen Sie mit Stolz, wo sehen Sie Möglichkeiten der Weiterentwicklung und wo möchten Sie dringend etwas ändern? Lassen Sie sich ruhig Zeit für diese Beobachtung. In dieser Zeit erwächst in Ihnen vielleicht auch ein Gefühl, ein Wissen darüber, wonach Sie Sehnsucht haben, wie Sie Zufriedenheit in Ihrem Leben erreichen können, weil Sie in Ihrer Würde angekommen sind.

Möglicherweise sagt Ihre innere Stimme jetzt, dass Sie dafür in Ihrem überbordenden Alltag nicht auch noch Zeit haben. Dann überlegen Sie, welche Aktivitäten sie einfach weglassen können. Vielleicht möchten Sie zehn Minuten, die Sie üblicherweise zur Pflege von Freundschaften in den Social Media aufwenden, besser für sich selbst nutzen? Was gibt es Schöneres, als ein bisschen innezuhalten? Schenken Sie sich zuerst einfach nur ein paar Minuten. Nach und nach können Sie diese Ruhezone bis auf eine halbe Stunde ausdehnen. Glauben Sie mir, Sie werden nichts versäumen, aber Ihr Gewinn wird enorm sein.

Ein aufgeräumtes Inneres ist Voraussetzung dafür, dass wir anderen Menschen mit Aufmerksamkeit und Respekt entgegentreten können. Wahrscheinlich werden wir feststellen, dass diese Menschen sehr ähnliche Empfindungen haben wie wir und dass sie, so wie wir, Souveräne über ihr jeweils eigenes Reich sind. Diese Erkenntnis verändert alles, verändert die Beziehungen der Menschen zueinander. Souveräne begegnen sich ebenbürtig, in Würde und mit Respekt.

Ihre Gesprächspartner, Ihr Publikum werden spüren: Da steht ein Mensch, der etwas zu sagen hat.

Heute habe ich nichts gemacht

Heute habe ich nichts gemacht.
Aber viele Dinge geschahen in mir.

Roberto Juarroz
(argentinischer Dichter)

ATMEN SIE SICH FREI

Atmen ist Leben – wir können wochenlang überleben, ohne zu essen. Wir schaffen auch drei bis vier Tage, ohne zu trinken. Aber wie lange überleben wir, ohne zu atmen? Der spanische Freediver Aleix Sgura hält mit unfassbaren 24 Minuten den Weltrekord. Aber wir „Normalatmer" schaffen vielleicht eine halbe Minute, bevor uns schwindlig wird und wir nach Luft ringen.

Unser Körper organisiert das Atmen völlig selbstständig. Unter normalen Bedingungen atmen wir einfach ein und aus, langsam und regelmäßig. Sobald wir aber Angst empfinden oder wütend werden, schaltet unser sympathisches Nervensystem auf Alarmbereitschaft und sorgt durch tiefe und schnelle Atmung für vermehrte Sauerstoffzufuhr.

Ganz anders ist es, wenn wir erschrecken oder unter Schock stehen. Dann übernimmt das parasympathische Nervensystem, die Bronchien verkrampfen und wir halten die Luft an. Das tun wir auch, wenn wir Schmerzen oder Stress empfinden. Manche beschreiben diese Situation mit „es schnürt mir die Kehle zu", andere haben das Gefühl, „einen Knödel im Hals zu haben".

Schon kleine Veränderungen in der Anspannung der Atemmuskeln sind spürbar und können von außen erkannt werden. Wie fühlen Sie sich, wenn Sie sehr unter Druck stehen und flach atmen? Versinken Sie mit hängenden Schultern in Ihrem Bürostuhl – wie ein müdes Opfer? Und wie anders fühlen Sie sich, wenn Sie tief einatmen,

Ihre Brust sich weitet und Ihre Wirbelsäule sich aufrichtet? – Souverän wie jemand, der die Situation im Griff hat. Deshalb ist es wichtig, dass wir mit Atemübungen bewusst steuernd eingreifen.

Alle Atemübungen, die ich Ihnen im Folgenden vorstelle, beruhen auf dem gleichen Muster: einatmen, Luft anhalten, ausatmen, leer sein. Kleinere Atemübungen können Sie tagsüber auch unter Menschen ganz einfach durchführen, ohne dass sie jemandem auffallen. Sobald Geräusche dazukommen, üben Sie besser ohne Publikum. Allein zu sein, hilft Ihnen vielleicht auch, sich zu konzentrieren.

ATEMÜBUNG MIT DER ZIFFER EINS

Ziel dieser Übung ist es, mit wenigen Atemzügen innerlich zur Ruhe zu kommen.

Diese Übung können Sie im Stehen, Sitzen oder Liegen durchführen. Stellen Sie sich die Ziffer 1 vor, so wie Sie sie schreiben. Solange Sie für den kurzen Strich den Stift nach oben ziehen, atmen Sie durch die Nase ein. Halten Sie kurz den Atem an. Nun führen Sie den Stift in Gedanken die lange Linie gerade nach unten und atmen dabei langsam durch die Nase oder durch den leicht geöffneten Mund wieder aus. Dieser Weg ist mindestens doppelt so lang.
Nach dem Ausatmen lassen Sie sich Zeit, atmen Sie nicht gleich wieder ein. Warten Sie, bis Ihr Körper das Einatmen verlangt. Schon nach wenigen Atemzügen werden Sie spüren, wie sich Ruhe einstellt.

Wer seinen Atem gut spüren kann, nimmt auch seine Gefühle besser wahr – das lässt sich dank moderner Hirnforschung wissenschaftlich nachweisen. Mit bildgebenden Verfahren haben Neurologen festgestellt, dass der Bereich unseres Gehirns, in dem wir Gefühle verarbeiten, eng mit unserem Atem verbunden ist.

Bei Menschen, die über viele Jahre Achtsamkeits- und Atemübungen praktizieren, ist dieser Bereich vergrößert und besonders aktiv.

Andere Auswirkungen einer guten Atmung können wir mit freiem Auge erkennen. Auch wenn unsere Lunge im Brustkorb sitzt, brauchen wir für einen tiefen und ruhigen Atem unseren Bauch, unser Zwerchfell. Dazu ein Vergleich: Atmen Sie einmal tief in den Brustkorb ein und aus und danach tief in den Bauch ein und aus. Sie werden merken, wie viel weniger Kraft Sie für die Bauchatmung brauchen.

ATEMÜBUNG ÜBER DEN BAUCH

Ziel dieser Übung ist es, die tiefe Atmung zu verstärken und damit mehr Sauerstoff in Ihren Körper zu bringen.

Legen Sie sich auf den Boden und atmen Sie eine Minute lang tief durch. Beobachten Sie dabei, wie sich Ihr Zwerchfell beim Einatmen hebt und beim Ausatmen senkt. Legen Sie eine Hand auf Ihren Bauch und spüren Sie, wie sie sich mit dem Atmen bewegt. Finden Sie Ihren Atemrhythmus und genießen Sie jeden Atemzug. Nach ein bisschen Übung können Sie diese Bauchatmung auch im Stehen trainieren.

Variation: Wenn Sie eine Flöte zu Hause haben, atmen Sie durch die Flöte. Beim Ausatmen entsteht ein Ton. Welcher Ton, spielt keine Rolle. Wichtig ist, dass er nicht flattert. Dann stimmt Ihre Atmung.

Ein ruhiger Atem braucht also einen entspannten Bauch. Dummerweise haben wir Frauen gelernt, den Bauch einzuziehen, um schlanker auszusehen. Aber versuchen Sie einmal, mit eingezogenem Bauch laut, deutlich und klar zu sprechen – das geht einfach nicht. Die Stimme findet keinen Halt.

Deshalb müssen wir gutes Atmen erst wieder lernen. Manche der folgenden Übungen können Sie überall und jederzeit durchführen, bei anderen sollten Sie besser in geschützter Umgebung sein:

ATEMÜBUNGEN FÜR ZWISCHENDURCH

Mit den folgenden Atemübungen werden Sie Ihre Atmung vertiefen und Ihrer Stimme Halt geben.

ATEMÜBUNGEN MIT DEN NASENLÖCHERN

Atmen Sie langsam über das rechte Nasenloch ein, indem Sie das linke zuhalten. Halten Sie die Luft ein paar Sekunden an, nehmen Sie den Finger weg und atmen Sie durch das linke Nasenloch aus.
Warten Sie, bis Ihr Körper nach einem Atemzug verlangt, oder zählen Sie bis zehn und wechseln Sie die Seiten. Gedanklich können Sie die 1er-Übung mitspielen.

Variante für Fortgeschrittene: Atmen Sie mit nur einem Nasenflügel ein, ohne den anderen zuzuhalten.

Variante mit mehr Kraft: Atmen Sie gleichzeitig durch beide Nasenlöcher ein, halten Sie die Luft kurz an und blasen Sie sie dann möglichst kraftvoll durch die Nase aus. Diese Übung ist sehr anstrengend, aber sehr effektiv. Sie bringt auch die Stimme auf den richtigen Stimmsitz.

ATEMÜBUNG MIT SCHNAPPEN

Öffnen Sie den Mund ganz leicht, schnappen Sie plötzlich nach Luft, als ob sie sich geschreckt hätten. Versuchen Sie, dass dieser Schnapper immer etwas tiefer aus dem Bauch kommt.

ATEMÜBUNG MIT SCHWUNG

Stellen Sie sich aufrecht hin und atmen Sie tief ein. Mit dem Ausatmen beugen Sie Ihren Oberkörper langsam nach vorne und lassen ihn sanft hin und her baumeln, bis Sie ganz ausgeatmet haben und leer sind. Dann kommen Sie in die Mitte zurück.

Mit dem Einatmen richten Sie sich langsam wieder Wirbel für Wirbel auf. Je langsamer Sie atmen, desto entspannender ist es für Sie. Sie atmen in die Mitte ein, halten die Luft kurz an, bis Ihr Körper nach Luft verlangt. Dann beugen Sie zum Ausatmen den Oberkörper wieder nach vorne und wiederholen die Übung.

ATEMÜBUNG LEERE

Diese Übung können Sie auch unter Menschen machen. Atmen Sie aus und genießen Sie die Leere. Bleiben Sie ein wenig in dieser neutralen Haltung. Spüren Sie Ihrem Körper nach, wie alles in die Mitte fällt. Dann atmen Sie wieder langsam ein.

ATEMÜBUNG AUS DER MITTE

Wollen Sie überprüfen, ob Ihr Atem präzise und klar ist, versuchen Sie Folgendes: Atmen Sie tief ein. Dann atmen Sie klar und fest aus dem Zwerchfell aus. Blasen Sie sich mit Ihrem Atem über den Handrücken. Wenn Sie einen kühlen Hauch spüren, ist es richtig. Der Atem kommt dann direkt gestützt aus Ihrer Mitte. Spüren Sie nur ein warmes Hauchen, dann hat der Atem noch nicht den richtigen Sitz. Sammeln Sie sich und versuchen Sie es noch einmal.

Mir ist bewusst, dass das viele Übungen sind und Sie vielleicht denken: Wann soll ich das alles in meinem Alltag unterbringen? Nehmen wir Anleihe bei den Gesundheitsempfehlungen: Um genug Bewegung in den Alltag zu bringen, empfiehlt man uns, die Stufen statt der Rolltreppe zu nehmen, eine Station früher aus der Straßenbahn auszusteigen und zehn Minuten zu Fuß zu gehen.

Genau nach diesem Modell können wir auch Wartesituationen nutzen, um auf unsere Atmung zu achten. Sie stehen allein in der Busstation – eine ideale Gelegenheit für die Schnappatmung. Sie sitzen in einem Café und warten auf Ihre Freundin? Nützen Sie die Zeit für die Atemübung Leere – und niemand wird es bemerken. Jede Übung bringt Sie ein kleines Stück weiter.

Je öfter Sie diese Atemübungen praktizieren, desto stärker werden Sie spüren, wie sehr Ihre Ritterrüstung Sie dabei behindert. Also legen Sie den Brustpanzer ab. Er hat Ihre Atmung lange genug eingeengt. Lassen Sie all das Schwere, Sperrige hinter sich und gehen Sie mit erhobenem Kopf in den Tag. Sie haben so viel zu bieten, darauf können Sie stolz sein.

Wenn Sie sich das bewusst gemacht und es verinnerlicht haben, wird sich Ihre neue innere Verfasstheit in Ihrer äußeren Körperhaltung widerspiegeln. Erst jetzt ist der Moment gekommen, an dem Sie über Veränderungen Ihrer körpersprachlichen Eigenheiten nachdenken. Einiges, das Ihnen an sich selbst nicht gefällt, wird durch das Bewusstwerden Ihrer Mitte von ganz allein verschwinden.

ERHEBEN SIE IHRE STIMME

Wenn Sie sich in souveräner Körpersprache üben, wird Ihnen sehr bald auch die Artikulation Ihrer Sprache wichtig werden. Vielleicht haben Sie von Natur aus eine kräftige, sonore Stimme – aber auch die kann nur zur Geltung kommen, wenn Ihre Atmung gut trainiert ist. Eine klare, kräftige Stimme kommt nicht nur aus dem Kehlkopf, sondern aus dem ganzen Körper. Sie kommt aus Brust und Bauch, gestützt vom Unterleib.

Für den Sprechenden bringt das eine deutliche Erleichterung: Hat er gut trainiert, wird ihn selbst langes Sprechen nicht sehr anstrengen. Für die Zuhörer ist der Effekt noch stärker. Je mehr die Stimme aus der Körpermitte kommt, desto fester ist sie, desto klarer ist die Aussprache und desto leichter fällt es den Zuhörern, den Ausführungen zu folgen. Und darum geht es doch, wenn wir sprechen: dass andere Menschen uns zuhören.

Glauben Sie nicht, dass man Sprechen einmal lernt und dann kann man es für immer. Ich bin seit vielen Jahren Schauspielerin und auch ich muss das richtige Sprechen immer noch üben. Wenn ich über den Sommer Theaterpause habe, merke ich im Herbst, dass meine Aussprache um eine Nuance abgeschliffen ist – und dann mache ich all die Übungen, die ich Ihnen in diesem Kapitel vorstellen werde.

Beginnen Sie damit, die Muskeln Ihres Gesichts zu entspannen. Sie werden schnell und deutlich spüren, wie verhärtet sie sind.

Die folgenden Übungen können Sie zwischendurch machen, dafür brauchen Sie nicht viel Zeit, aber eine gewisse Regelmäßigkeit.

MUSKELTRAINING FÜRS GESICHT

Ziel dieser Übung ist die Lockerung der vielen kleinen Muskeln in Ihrem Gesicht zur Verbesserung einer deutlichen Aussprache.

1. Lippenmassage: Massieren Sie Ihre Lippen, indem Sie sie aufeinanderpressen, sie etwas nach rechts und links, nach oben und nach unten schieben. Bald werden Sie merken, wie es zu kribbeln beginnt. Dann ist es richtig.
2. Affenübung: Denken Sie an einen Naturfilm über Schimpansen oder andere Primaten und versuchen Sie, den Mund so wie diese aufzureißen und ihn dabei in alle Richtungen zu drehen. Machen Sie dabei auch die Geräusche, die in Ihrer Vorstellung auftauchen.

Lachen Sie, so oft Sie können. Lachen ist eine der besten Methoden, um die Gesichtsmuskeln zu entspannen – und es tut dem ganzen Körper gut.

Sind die Muskeln gelockert, können Sie mit der Korkenübung beginnen. Diese Übung ist schwierig und erfordert viel Disziplin. Möglicherweise fühlen Sie sich zu Beginn damit auch nicht wohl (ich selbst empfinde bei der Wiederaufnahme im Herbst mitunter einen leichten Würgereflex), aber dieses Unwohlsein wird bald verschwinden.

KORKENÜBUNG

Ziel dieser Übung ist eine klare und deutliche Aussprache. Sie ist schwierig und braucht viel Disziplin. Der Erfolg wird bald hörbar sein.

Sie brauchen einen weichen Korken, in der Größe und Beschaffenheit wie von einer Weinflasche. Diesen Korken nehmen Sie zwischen die Zähne. Beißen Sie nur so leicht zu, dass Ihre Kiefermuskeln locker bleiben und möglicherweise vorhandene Zahnprothesen nicht unter Druck kommen. Nun versuchen Sie, etwas zu sagen. Beginnen Sie mit einfachen Silben wie dadedidodu, gagegigogu, fafefifofu, sasesisosu.

Wichtig ist, dass immer ein Konsonant dabei ist und dass die Zunge gegen den Korken stößt. Sobald Sie so sprechen, werden Sie spüren, wie sich eine Verbindung zwischen Ihren Zähnen und Ihrem Unterbauch aufbaut. Legen Sie Ihre Hand auf Ihren Bauch unterhalb des Nabels und Sie werden fühlen, wie fest Ihr Bauch beim Sprechen wird. Das geht automatisch, das können Sie gar nicht verhindern. Jetzt stützt Ihr Unterbauch Ihre Stimme.
Wenn Sie sich einigermaßen sicher fühlen, erhöhen Sie den Schwierigkeitsgrad der Übung und versuchen Sie, mit dem Korken im Mund laut vorzulesen. Sie werden feststellen, dass man Sie am Anfang überhaupt nicht versteht. Aber mit jeder Übung wird es besser. Je aktiver Sie mit der Zunge an den Korken stoßen und mit den Lippen arbeiten, desto deutlicher wird Ihre Artikulation.
Nur fünf Minuten am Tag und Ihre Gesprächspartner werden den Unterschied bald merken.

Eine deutliche Artikulation wird Ihnen in jeder Lebenslage helfen, nicht nur, wenn Sie vortragen. Der Österreichische Schwerhörigenbund schätzt, dass 22 % der Bevölkerung über 14 Jahre leicht bis hochgradig schwerhörig sind.

Das bedeutet, dass jeder fünfte Mensch, mit dem Sie sprechen, mehr oder weniger große Schwierigkeiten hat, Sie zu verstehen. Welch ein Vorteil, wenn Sie deutlich artikulieren. Sie ersparen Ihrem Gesprächspartner die Peinlichkeit, immer wieder nachfragen zu müssen, und Sie ersparen sich selbst permanente Wiederholungen.

Das gilt auch für andere unangenehme Situationen. Viele Menschen beginnen zu nuscheln oder Silben zu verschlucken, wenn sie unsicher sind. Damit tappen sie in eine Falle: Sie erreichen nämlich genau das Gegenteil dessen, was sie sich wünschen. Sie werden nicht unsichtbar, sondern z. B. darauf hingewiesen, dass sie undeutlich sprechen, werden also korrigiert und aufgefordert, ihre Aussage klar und deutlich zu wiederholen. Übrigens: Sollte das nicht passieren, gibt es auch keinen Grund, sich zu freuen. Dann waren Sie und Ihre Meinung den anderen die Mühe nicht wert nachzufragen.

Bevor Sie jetzt bei dem Gedanken, ständig die Korkenübung machen zu müssen, verzweifeln, möchte ich Ihnen versichern: Sprechtraining kann auch Spaß machen. Versuchen Sie es mit diesen Zungenbrechern.

Sieben kecke Schnirkelschnecken

Sieben kecke Schnirkelschnecken
saßen einst auf einem Stecken,
machten dort auf ihrem Sitze
kecke Schnirkelschneckenwitze.
Lachten alle so: „Ho, ho, ho, ho, ho!"

Doch vor lauter Ho-ho-Lachen,
Schnirkelschneckenwitzemachen
fielen sie von ihrem Stecken:
alle sieben Schnirkelschnecken.
Liegen alle da. Ha, ha, ha, ha, ha!

Josef Guggenmos

Herr Löffel sprach zur Gabel –
Frau Gabel halt den Schnabel,
du bist ja nur aus Stahl.

Das Leben gern zu leben,
musst du darüberstehen!
Drum lerne dich erheben,
drum lerne abwärts sehen.

Mich in den Sand reinkuscheln,
an weißen Muscheln nuscheln.
Den leisen Schwappewellen
nur knappe Fragen stellen.
Du kannst aus einem Rauschen
die Antwort dir erlauschen.
Noch immer gibt es Wunderland.
Und ist es nur ein Flecken Sand.

Und wenn Sie jetzt die Lust gepackt hat, dann probieren Sie diese Zungenbrecher mit Korken. Ich verspreche Ihnen, das wird alles andere als langweilig.

FINDEN SIE DEN RICHTIGEN AUGENBLICK

Bleiben wir beim Bild des Souveräns und überlegen wir, wie sich Könige und Königinnen seit Jahrhunderten zu präsentieren pflegen. Sie empfangen ihre Gäste in großen Sälen, sie verschaffen sich Raum. Meist sitzen sie etwas erhöht. Sie achten darauf, dass jeder Schritt in Ruhe und mit Bedacht gesetzt wird. Dafür braucht es Zeit. Ein hektischer Ablauf wäre der Würde der Situation nicht angemessen.

Der Umgang mit Zeit ist also von essenzieller Bedeutung. Während wir im Deutschen nur einen Begriff dafür kennen, unterschied man im alten Griechenland zwischen „Chronos" und „Kairos". Chronos beschreibt das Verstreichen der Zeit, die Lebenszeit eines Menschen. Davon abgeleitet sind Ausdrücke wie Chronologie oder chronisch, also langsam verlaufend.

Aber wenn der Grieche von Kairos spricht, dann geht es um den richtigen Moment, den Augenblick. Und das ist etwas ganz anderes. Denn der richtige Augenblick kommt unerwartet, ist plötzlich da und einen Wimpernschlag später wieder weg.

Deshalb wird Kairos in der Mythologie auch als Jüngling mit Flügeln dargestellt, der auf Zehenspitzen herumspringt und niemals stehen bleibt. Markant ist seine Locke auf der Stirn, der wir noch heute die Redewendung verdanken: etwas am Schopf packen. Chronos können wir mit Gelassenheit begegnen, damit können wir Erfolge und Niederlagen reflektieren und einordnen. Aber bei Kairos müssen wir schnell sein. Wir haben keine Zeit zu überlegen, wir müssen ihn im richtigen Moment erwischen.

Die Frage nach dem richtigen Moment stellen wir uns häufig. Wann ist der richtige Moment, um mit einem Vortrag zu beginnen? Wann der richtige Moment, um die schlechten Budgetzahlen auf den Tisch zu legen? Wann der Moment, um das Sektglas zu erheben und die Feier zu eröffnen? Der Moment des Beginnens ist entscheidend für den weiteren Verlauf eines Gesprächs oder eines Vortrags. Wir wollen ihn JETZT nennen. Diesen Moment zu erkennen, können wir üben, indem wir unsere Aufmerksamkeit dafür schulen.

Denken wir kurz zurück an die Übung in der Schauspielschule. Ein Student muss sich dabei ganz allein auf einen Stuhl setzen, alle anderen beobachten ihn dabei und warten auf seinen Vortrag.

Versetzen wir uns kurz in seine Situation: Bevor er die Übung beginnt, stellt er sich vor, wie er die Umgebung wahrnehmen wird, wie er auf den Stuhl zugehen und sich hinsetzen, wie er zu sprechen beginnen wird.

Dann beginnt er mit der Umsetzung. Er tritt auf, geht zum Stuhl, setzt sich, nimmt das Publikum wahr – alles ist im Jetzt. Sobald er sitzt, merkt er, wie er an die Vorbereitung denkt – und ist damit in der Vergangenheit. Sein nächster Gedanke dreht sich darum, was er als Erstes sagen wird – und er ist damit in der Zukunft.

Aber die Übung soll dazu führen, dass er sich immer mehr im Jetzt spürt, das heißt, dass er auftritt, sich hinsetzt, dass er sein Publikum wahrnimmt, sich auf dieses Publikum besinnt, spürt, was in seinem Körper vorgeht. In diesem Moment, hier vor seinem Publikum auf dieser Bühne, nimmt er seine Aufgeregtheit wahr und versucht, sich mit einer Atemübung in Ruhe zu bringen. Dann sieht er sich die Leute im Publikum einen nach dem anderen an, geht wieder zurück zu seiner Wahrnehmung von sich selbst.

Viele Gedanken, die sich in sein Bewusstsein drängen, versucht er einfach vorbeihuschen zu lassen, ohne sie aufzunehmen, weil sie zum Teil in die Vergangenheit zielen und zum Teil in die Zukunft. Er aber will in dieser Übung im Jetzt sein, atmet durch und merkt, dass er sich entspannt, dass er sich spürt, dass er tief atmet, dass er die Leute wahrnimmt und dass er wirklich sagen kann, dass er sich im Jetzt befindet. Er hat einen Text vorbereitet, vielleicht ein Gedicht oder eine Erzählung und JETZT beginnt er mit diesem Text. Sehr akribisch darauf achtend, dass ein Gedanke aus dem anderen entsteht, woraus sich dann Worte formen, und er erzählt, was er erzählen möchte.

Nun sind Sie nicht in einer Schauspielschule und haben keine Mitschüler vor sich. Sie sind frei, sich andere „Bühnen" und ein ständig wechselndes Publikum zu suchen. Nützen Sie jede Gelegenheit, um sich bewusst auszuprobieren, bewusst das JETZT zu suchen. Entscheidend ist, dass Sie dabei unter Menschen gehen. Nur unter Menschen können Sie spüren, was deren Anwesenheit in Ihnen bewirkt.

Ich hatte vor kurzem Gelegenheit, die Rede einer sehr engagierten und profilierten Frau anlässlich der Eröffnung einer Kunstausstellung zu erleben. Die Rednerin war eine erfahrene, sehr selbstbewusste Frau, die auch nicht zum ersten Mal in dieser Rolle auf einem Podium stand.

Als sie zu sprechen anfing, war noch alles gut – aber dann passierte etwas, das jedem von uns passieren kann: Mitten in ihrer Rede wurde sie sich ihrer Situation bewusst: dass sie hier vor vielen, auch prominenten Personen stand. Plötzlich konnte sie alle Gefühle spüren, die aus dem Publikum zu ihr hochstiegen.

In ihr wuchs die Angst, etwas falsch zu machen, Panik stieg in ihr hoch. Sie wurde immer unsicherer, Schweißperlen traten auf ihre Stirn, sie verhaspelte sich, ihre Sprache wurde immer schneller. Mit einem Mal schien alles andere größer zu sein als ihre Rede. Es gab keinen Auslöser für das Aufsteigen dieses schlechten Gefühls, es war einfach der Zeit geschuldet.

Um zu vermeiden, dass sich der Stress in so einer Situation ins Unermessliche auswächst, empfiehlt es sich, eine Pause zu machen, einen Schluck zu trinken, sich die Stirn mit einem Taschentuch abzutupfen. Niemand würde sich daran stoßen. Nur für einen selbst ist es schwierig. Aber wer soll die Situation entschärfen, wenn nicht wir selbst. Wir müssen uns um uns selbst kümmern. Also gestehen wir uns eine Pause zu – bewusst und gesteuert, beispielsweise am Ende eines Absatzes oder eines Kapitels. Diese Strategie lässt sich üben.

Natürlich gibt es keine hundertprozentige Sicherheit, dass man bei einem öffentlichen Auftritt niemals mehr von Nervosität und Panik überschwemmt wird – aber die Wahrscheinlichkeit wird geringer. Und die Wahrscheinlichkeit, dass Sie im Fall des Falles konstruktiv damit umgehen können, wird dadurch deutlich größer.

Wann immer Sie die Möglichkeit haben, Ihr eigenes Agieren zu beobachten, nützen Sie die Gelegenheit – in der U-Bahn, in der Warteschlange an der Kasse, beim Sicherheitscheck am Flughafen. Je fantasievoller Sie sind beim Finden von Möglichkeiten sind, desto stärker werden Sie sich in den unterschiedlichsten Situationen fühlen.

Beginnen Sie mit Ihren Übungen in sicherer Umgebung und steigern Sie sich. Niemand lernt Autofahren zur Hauptverkehrszeit am Wiener Gürtel. Man beginnt auf sanften Landstraßen, nähert sich erst allmählich der Stadt – und wenn man dann doch zur Hauptverkehrszeit am Gürtel landet, weiß man, wie man sich zu verhalten hat. Auch wenn man dabei ein wenig nervös ist.

Eines muss uns klar sein: So viel wir auch üben und so gut wir uns vorbereiten, die Nervosität vor Auftritten wird unser ständiger Begleiter sein. Jeder Künstler, Schauspieler oder Musiker, ist selbst bei der 100. Aufführung noch nervös. Das ist ganz normal und das hat auch gute Seiten: Die Nervosität lässt Ihren Puls steigen, Sie sind hellwach und aufmerksam. Deshalb können Sie darauf vertrauen, dass Sie den kurzen Moment des JETZT spüren werden. Sie werden Kairos spüren, wenn er vorbeihüpft – und dann packen Sie ihn am Schopf.

Dirigenten zeigen uns, wie es richtig geht. Sie zelebrieren ihre Auftritte. Ein Dirigent geht mit raschem, festem Schritt zu seinem Pult, stellt sich vor sein Publikum, begrüßt es respektvoll durch eine leichte Verneigung – und jedes Gespräch im Saal verstummt. Jetzt hat er die volle Aufmerksamkeit der Zuhörer. Er dreht sich um, richtet seine Notenblätter noch einmal ein, schaut auf sein Orchester, macht noch einmal eine kurze Pause, bis er die volle Konzentration seiner Musiker spürt – und JETZT hebt er den Taktstock.

Er hat sich die notwendige Zeit genommen und drückt damit seine Wertschätzung aus: vor dem Komponisten, den Musikern und natürlich vor dem Publikum. Eine Pause ist nicht eine Zeit, in der nichts passiert. Eine Pause schafft Raum für Begegnung und Beziehung, Aufmerksamkeit und Konzentration.

Machen Sie es wie die Dirigenten, richten Sie Ihre Bühne ein. Wenn Sie etwas vorzubereiten haben, dann tun Sie das in aller Ruhe. Wenn Sie sehr nervös sind, werden Sie das Gefühl haben, dass Sie viel zu lange dafür brauchen. Aber keine Sorge: Ihr Publikum empfindet diese Zeitspanne ganz anders. Es langweilt sich nicht, es ist beschäftigt – beschäftigt damit, Sie zu beobachten. Und Sie entscheiden, was die Menschen zu sehen bekommen: jemanden, der unsicher an Details herumnestelt und am liebsten flüchten würde, oder jemanden, der sich souverän auf seine Zuhörer vorbereitet?

Lassen Sie sich nicht einreden, dass andere nicht nervös wären. Alle sind nervös. Alle haben Angst, wenn sie vor anderen Menschen

stehen. ich bin schon so oft auf der Bühne gestanden und trotzdem habe ich Panik, wenn ich die Bühne betrete.

Aber dann bin ich draußen und dann kommt der Moment des JETZT und ich denke: „Wow, ich darf da jetzt stehen, die Menschen erwarten etwas von mir und das werden sie auch bekommen, denn ich bin vorbereitet." Dann schaue ich sie freundlich an. Es kann sein, dass ich zittere und dass ich das Gefühl habe, alle würden das sehen. Aber nein. Sie sehen es nicht – und selbst wenn sie es sehen, spielt das keine Rolle.

Alle wissen, dass die, die da oben steht, nervös ist, einfach weil das so ist – ganz normal. Sie müssen sich also keine Sorgen machen. Bereiten Sie sich einfach gut vor.

Das Abwarten des JETZT ist die große Kunst souveräner Körpersprache. Das JETZT ist das Erfolgsgeheimnis. Sie geben sich selbst die Möglichkeit, im richtigen Moment, richtig eingestellt zu beginnen. Sie geben Ihrem Publikum die Möglichkeit, bei Ihnen einzuhaken. Das JETZT ist der einzigartige Moment, Ihnen und den anderen bewusst zu machen: „JETZT möchte ich etwas sagen!" Diese wenigen Sekunden zu Beginn können Sie nicht wiederholen. Sie kommen kein zweites Mal. Deshalb sind sie so wichtig. Konzentrieren Sie sich auf sich selbst. Was passiert in Ihnen? Schauen Sie es sich einfach neutral an, OHNE in der Sekunde zu urteilen. Ständiges Beurteilen macht nur Stress und lässt Sie sich klein fühlen.

ABSOLUTE FOKUSSIERUNG

Ziel dieser Übung ist es, sich auf Ihren sicheren Auftritt vorzubereiten.

1. Vor Ihrem Auftritt machen Sie einige Dehnungsübungen. Strecken Sie sich durch.
2. Laufen Sie auf dem Fleck. Sie werden merken, dass das fiebrige Gefühl sich in pure Energie verwandelt.
3. Visualisieren Sie die Aufgabe, die Sie vor sich haben.
4. Gehen Sie mit festem Schritt zu Ihrem Rednerpult.
5. Wenden Sie sich jetzt den Menschen zu und begrüßen Sie sie mit einem leichten Nicken.
6. Nehmen Sie das Wohlwollen Ihres Publikums auf.
7. Prüfen Sie, dass die Höhe des Mikrofons und Ihr Abstand zur Projektionsfläche passen und dass Ihr Glas mit Wasser gefüllt ist.
8. Richten Sie Ihren Laptop ein, ordnen Sie Ihre Unterlagen.
9. Atmen Sie dreimal tief durch und suchen Sie Blickkontakt mit Ihrem Publikum.
10. Nehmen Sie sich die Zeit, die Sie brauchen. Erst wenn Sie Ihren Raum geschaffen haben, ist der Zeitpunkt gekommen, sich mit Worten an Ihr Publikum zu wenden. JETZT.

Legen Sie Ihre Empfindungen wie ein Stück Obst in einen Korb und beachten Sie sie nicht weiter. Dafür ist später immer noch Zeit. Diese Vorstellung verringert den Stress. In dieser Situation geht es nur darum, den Augenblick anzunehmen und weiterzugehen, und nur mitzunehmen, was sinnvoll und hilfreich ist.

Schenken Sie sich eine Pause

Die wenigen Sekunden zu Beginn eines Vortrags oder inmitten einer Verhandlung sind eine besonders kostbare Zeit. In diesem kurzen Moment bringen Sie sich in Position, lassen allein Ihren Körper sprechen. Dazu braucht er Zeit. Lassen Sie sich nicht hetzen. Ein leichtes Kopfnicken, ein freundliches Lächeln oder ein spontanes In-die-Hände-Klatschen nach dem Motto „Gemma's an" – alles ist erlaubt, was der Situation entspricht.

Pausen sind wichtig, auch während des Redens. Sie signalisieren damit: Achtung, jetzt kommt etwas Wichtiges. Damit steigern Sie die Konzentration Ihrer Zuhörer und Gesprächspartner. Pausen sind aber auch nach besonders wichtigen Aussagen von großer Bedeutung. Sie geben den Menschen die Chance, das Gehörte zu verstehen und einzuordnen.

Haben Sie keine Angst, dass Sie während einer Pause die Aufmerksamkeit Ihrer Zuhörer verlieren. Das kann nur passieren, wenn Sie selbst die Spannung loslassen, wenn auch Ihr Körper Pause macht und Sie Ihr Ziel aus den Augen verlieren.

Wir haben in einem früheren Kapitel von Barack Obama gesprochen. Sie finden viele seiner Reden auf YouTube. Er ist ein Meister der gut gesetzten Pause. Sein Körper bleibt in voller Spannung, sein Blick ist eindringlich auf das Publikum gerichtet. Er spannt einen unsichtbaren Faden zwischen sich und seinen Zuhörern.

Ungeübten Sprechern fällt es schwer, die Stille einer Pause zu ertragen. In Verhandlungen oder in kritischen Gesprächen neigen besonders Frauen dazu, diese Stille durch Worte aufzuheben. Das aber kann man üben, indem man sich auf sich selbst konzentriert und sich mit dem Körper ausdrückt. Eine aufrechte Haltung sagt aus: Ich bin aufmerksam, ich höre zu.

Mit einem offenen Blick zeigen Sie Ihr Interesse und Ihr Verständnis für die Situation. Lassen Sie die Sprechpause zu, aber bleiben Sie aktiv mit Ihrem Körper. Atmen Sie ruhig, bleiben Sie bei sich. Und Ihr ganzer Körper wird sagen: Hier bin ich und das ist meine Position.

SPIEGELN SIE SICH

Ziel dieser herausfordernden Übung ist es, zu erkennen, wie Sie Emotionen körperlich ausdrücken können.

1. Stellen Sie sich vor einen Spiegel und „reden" Sie mit sich selbst, aber sagen Sie nichts. Sie kommunizieren nur mit Ihrem Körper. Machen Sie es wie die Kinder, probieren Sie sich aus – mit Ihrem ganzen Körper.
Sie wollen Freude zeigen? Dann lächeln Sie sich an, heben Sie die Arme – glauben Sie sich die Freude selbst oder reicht es noch nicht? Wenn Lächeln allein nicht genügt, dann lachen Sie sich ins Gesicht. Wenn die Arme zu schlaff sind, dann spannen Sie sie an. Machen Sie keine halben Sachen. Werfen Sie sich ins Zeug.
Und wenn Sie wissen, wie Ihre Freude aussieht, dann versuchen Sie mal Ihre Traurigkeit. Sehen Sie, wie die Schultern einsinken, wie die Mundwinkel Richtung Boden ziehen – können Sie es spüren? Können Sie die Traurigkeit im Spiegel sehen? Und empfinden Sie sie auch in Ihrem Körper.
Spielen Sie mit Ihren Körperhaltungen, gewinnen Sie ein Bewusstsein dafür – so bekommen Sie auch ein Gespür dafür, wie viel Emotion Sie auf Ihrer Bühne später brauchen.

Wenn wir uns auf einen Auftritt vorbereiten, ganz gleich ob auf einem Podium oder in einem Meeting vor Kollegen, prüfen wir unser Outfit. Wir überlegen, ob die Bluse mit dem Blümchenmuster wohl passend ist oder doch eher der schlichte Hosenanzug in Dunkelblau mit beigem Shirt darunter. Bis wir unsere Entscheidung getroffen haben, liegt bald der halbe Inhalt des Kleiderschranks verstreut im Zimmer.

Aber wer kommt schon auf die Idee, seine Emotionen auszuprobieren: die Freude über die guten Bilanzzahlen oder über den Sieg des Schülers aus der 7c beim Redewettbewerb. Sie werden Ihre Zuhörer mit Ihren Emotionen begeistern, nicht mit dem beigen T-Shirt. Deshalb lohnt es sich, ein wenig Zeit in die folgenden Übungen zu investieren:

REDEN SIE OHNE WORTE

Ziel dieser Übung ist es, allein durch Körpersprache Informationen weiterzugeben.

Versuchen Sie, wie ein Pantomime Ihre Rede, Ihr Statement rein körperlich vorzutragen. Drücken Sie durch Ihr Denken, Ihr Fühlen, durch Ihren Körper aus, was Ihnen wichtig ist.

1. Stellen Sie sich vor einen Spiegel und beginnen Sie wortlos zu sprechen.
2. Bald werden Sie feststellen, wie sehr Sie sich jetzt auf die Ausstrahlung konzentrieren. Sie werden spüren, wie Sie von der rein äußerlichen Ausdrucksform zum Spüren wechseln.
3. Glauben Sie sich selbst, was Sie ausdrücken? Wirken Sie auf sich selbst authentisch?

Sie können die Übung auch zu zweit versuchen: Sagen Sie sich etwas! Spielen Sie miteinander wort- und bewegungslos. Denken und fühlen Sie. Bald merken Sie auch hier, wie sie einander verstehen.
Sicher haben Sie diese Übung in Ihrem Privatleben schon oftmals erprobt: beim Flirten.

Der Kommunikationswissenschaftler Paul Watzlawick wird gerne zitiert mit dem Satz: „Man kann nicht nicht kommunizieren, denn jede Kommunikation (nicht nur mit Worten) ist Verhalten und genauso wie man sich nicht nicht verhalten kann, kann man nicht nicht kommunizieren."

Selbst wenn man nichts sagt und nur still in einem Stuhl sitzt, drückt man etwas aus: durch die Art, wie man sitzt, wie man schaut – wie man nichts tut. Ist es Teilnahmslosigkeit oder innere Einkehr? Ist es Arroganz oder freundliches Warten – es gibt immer einen Subtext. Stellen Sie sich also immer die Frage: „Bin ich das, was ich erzählen möchte? Bin ich davon überzeugt und hat es Relevanz?" Wenn Sie das mit Ja beantworten können, werden Sie mit guter Haltung in Ihre Präsentation, in Ihr Gespräch gehen. Ihre Zuhörer werden spüren, dass Ihnen Ihr Thema wirklich ein Anliegen ist, und sie werden gerne bereit sein, Ihnen zu folgen.

Sollten Sie selbst im Publikum sitzen, bemühen Sie sich ein aufmerksamer Zuhörer zu sein. Bleiben Sie körpersprachlich präsent. In dieser wachen Position profitieren Sie selbst von den Inhalten und sind zugleich dem Vortragenden eine große Stütze. Er spürt die Brücke, die Sie ihm bauen.

Denken Sie daran:

Je mehr Sie über sich wissen, desto besser können Sie über sich verfügen.

IHR GROSSER AUFTRITT

Die Präsentation

Fragt man erfahrene Vortragende nach dem Geheimnis ihres Erfolgs, ist die Antwort immer die gleiche: penible Vorbereitung. Was auf dem Podium so leicht und locker aussieht, ist nicht Zufall oder Talent, sondern harte Arbeit und Inszenierung. Viele proben ihre Auftritte zu Hause vor dem Spiegel. Und alle reflektieren danach, wo sie ihr Publikum gefesselt und wo sie es möglicherweise verloren haben.

Bevor es so weit ist, machen Sie sich bitte eines bewusst: Das Erste, das Sie präsentieren, sind Sie selbst – Ihr äußeres Erscheinungsbild. Mit der Wahl der Kleidung signalisieren Sie Ihrem Gegenüber wahlweise: Ich verstehe und respektiere die sozialen Codes und gleiche mich an oder ich setze mich bewusst ab.

Für diese beiden Varianten finden wir in der Welt der großen IT-Konzerne zwei wunderbare Beispiele: Microsoft-Gründer Bill Gates trat bei seinen Präsentationen stets in Anzug und Krawatte auf, sehr korrekt – ausgerichtet auf ein Publikum in Unternehmen. Steve Jobs dagegen trat mit schwarzem Rolli und Jeans auf die Bühne und sagte damit den Leuten: „Hey, ich komme aus der kreativen Ecke, weg mit all den konservativen Schranken." Beide haben mit ihrer persönlichen Note genau ihr Publikum erreicht.

Deshalb: Stimmen Sie Ihre Kleidung auf den Anlass ab, aber verkleiden Sie sich nicht. Wählen Sie Anzüge und Kostüme, in denen Sie sich wirklich wohl fühlen. Sie wollen ja nicht ständig daran denken, ob die eng sitzende Naht wohl auch den ganzen Tag über halten wird.

Dass Sie Ihre Rede und Ihre Bildschirmpräsentation bestens vorbereitet haben, davon gehen wir aus. Wir konzentrieren uns jetzt auf Ihren Auftritt. Dazu einige Tipps:

1. Kommen Sie frühzeitig und besichtigen Sie das Podium, auf dem Sie sprechen werden.
Schauen Sie sich genau an, wie Sie das Podium betreten werden: von rückwärts kommend oder von der Seite? Müssen Sie über Stufen steigen, und wenn ja, wie hoch sind sie? Überlegen Sie, wie schnell sie auftreten wollen – sportlich flott oder zügig und bestimmt. Aus welchem Blickwinkel werden Sie Kontakt zu Ihrem Publikum aufnehmen?

2. Gehen Sie ein paar Mal auf dem Podium auf und ab, bis Sie ein Gefühl für die Größe entwickeln. Wenn Sie unterschiedliche Argumente präsentieren, möchten Sie zur Betonung später vielleicht die Seiten wechseln. Wenn Sie sich beim Sprechen gerne bewegen, wird das Gehen die Natürlichkeit Ihres Vortrags unterstreichen.

3. Sind Sie bei öffentlichen Auftritten sehr nervös, nützen Sie den Schutz eines Pults. Sie können sich hinter das Pult stellen, die Hände langsam darauf legen, ihre Notizen vorbereiten.

4. Prüfen Sie das technische Equipment. Machen Sie sich vertraut mit der Funksteuerung des Beamers und der Höhe des Mikrofons.

Wenn Sie alle Gegebenheiten auf Ihrer Bühne kennen, werden Sie sich schon zu Beginn Ihres Vortrags viel sicherer fühlen. Sie können sich voll und ganz auf Ihre Präsentation konzentrieren.

Wenn der große Moment gekommen ist, Sie auf der Bühne Ihre Position eingenommen haben, dann

1. richten Sie sich gut ein,

2. suchen Sie Augenkontakt zu Ihrem Publikum,

3. atmen Sie noch einmal tief durch und schenken Sie sich eine Pause, bis Sie die Aufmerksamkeit aller auf sich gezogen haben,

4. beginnen Sie mit Ihrer Rede.

Ist alles gesagt, beenden Sie Ihre Präsentation so, wie Sie sie begonnen haben – mit einer Pause. Laden Sie die Zuhörer ein, noch Fragen zu stellen oder anschließend in der Pause noch ein paar Worte zu wechseln. Warten Sie den Applaus oder eine andere Form der Anerkennung ab. Genießen Sie Ihren Erfolg. Lächeln Sie noch einmal in die Runde. Lassen Sie auch Ihren Zuhörern Zeit, sich zu verabschieden.

Vertrauen Sie Ihrem Gefühl: Sie werden es spüren, wenn die Spannung im Saal nachlässt und der Moment gekommen ist, das Podium ruhig und souverän zu verlassen.

Im deutschsprachigen Raum ist es viel gelebte Praxis, dass Referenten ihren Vortrag mit einem „Danke für ihr Aufmerksamkeit" beenden. Überlegen Sie, wie Sie als Zuhörer diesen Dank empfinden? Im besten Fall als Floskel, im schlechtesten Fall als Behandlung von oben herab.

Als Zuhörerin möchte ich das eigentlich nicht: Erstens bin ich ja gekommen, um diesen Vortrag zu hören, und zweitens bin ich keine Schülerin, die man dafür lobt, dass sie brav und aufmerksam war. Ich denke, dieses Danke sagen ist eine Konvention, die wir gerne niederreißen dürfen. Viel schöner finde ich es, wenn der Vortragende mich einlädt, im Gespräch zu bleiben.

Das Bewerbungsgespräch

Eine der hervorstechendsten Besonderheiten eines Bewerbungsgesprächs ist die Tatsache, dass der eine Gesprächspartner meist sehr viel und der andere wenig Routine in der Gestaltung dieser Situation hat. Der Personalverantwortliche eines Unternehmens ist geschult darin, Körperhaltungen und Gesten, Mimik und Sprechweise zu decodieren.

Er stellt bewusst Fragen, die den Bewerber verunsichern, um Informationen über die Persönlichkeit zu gewinnen, die der Bewerber niemals freiwillig preisgegeben hätte. Die Person auf Seite des Unternehmens hat die Macht, über die berufliche Karriere seines Gegenübers zu entscheiden.

Der Bewerber ist in der deutlich schwächeren Position. Also ist es nur natürlich, wenn er nervös und angespannt ist. Die Atmung wird flach, der Mund trocken und die Hände schwitzen. Alles Anzeichen von Angst und Unsicherheit. Keine gute Basis für ein erfolgreiches Gespräch.

Deshalb ist es wichtig, dass Sie sich für ein Bewerbungsgespräch nicht nur inhaltlich, sondern auch mental umfassend vorbereiten. Schätzen Sie ihre fachliche Qualifikation für die ausgeschriebene Stelle realistisch ein. Frauen neigen eher dazu, ihre berufliche Kompetenz geringzuschätzen und sich klein zu machen. Dafür gibt es keinen Grund.

Rufen Sie sich Ihre Erfolge in Erinnerung. Diese Erfolge sind Ihnen nicht in den Schoß gefallen. Sie haben hart dafür gearbeitet, vielleicht härter als andere. Seien Sie stolz darauf.

Bedenken Sie: Wenn man Sie nach Prüfung Ihrer schriftlichen Bewerbung zu einem Gespräch einlädt, können Sie davon ausgehen, dass Ihre fachliche Qualifikation den Anforderungen entspricht. Worum es jetzt geht, ist, Sie persönlich kennen und einschätzen zu lernen: Wie verhalten Sie sich in einer stressigen Situation? Sind Sie in der Lage, Lösungen für komplexe Aufgabenstellungen zu entwickeln? Sind Sie die Art Mensch, die in dieser Zeit für diese Position gebraucht wird: jemand, der in einer Krise das Steuer neu ausrichtet, oder jemand, der die Abteilung durch ruhige See führt.

Die Vorbereitung zu Hause

1. Nehmen Sie sich viel Zeit für die Vorbereitung.

2. Fragen Sie nach, wer an dem Gespräch teilnehmen wird, und informieren Sie sich über das Unternehmen. So können Sie Ihre Gesprächspartner und deren aktuelle Anliegen schon im Vorfeld ein bisschen kennenlernen.

3. Spielen Sie die Situation in den Tagen vor dem Gespräch immer wieder durch.

4. Stellen Sie sich vor den Spiegel und üben Sie, über Ihre fachlichen Qualifikationen und beruflichen Ambitionen zu sprechen. Haben Sie keine Scheu.

5. Stellen Sie sich vor, wie Sie den Raum betreten und auf die Menschen zugehen: mit aufrechtem Gang, einem offenen Blick und einem freundlichen Lächeln.

6. Atmen Sie bewusst und sprechen Sie klar und deutlich

Das Gespräch

1. Bevor Sie den Raum betreten, nehmen Sie ein paar tiefe Atemzüge. Richten Sie sich auf und setzen Sie den ersten Schritt – jetzt – ganz bewusst.

2. Gehen Sie mit offenem Blick auf Ihre Gesprächspartner zu und begrüßen Sie sie nach Möglichkeit mit Namen.

3. Warten Sie, welchen Stuhl man Ihnen zuweist, und nehmen Sie in Ruhe Platz. Rücken Sie den Stuhl zurecht, sodass es für Sie passt. Suchen sie eine aufrechte Körperhaltung, in der Sie sich wohl fühlen.

4. Ihre Unterlagen, die Sie griffbereit in der Tasche haben, legen Sie vor sich auf den Tisch. Wenn Sie Halt für Ihre Hände suchen, nehmen Sie einen Stift (aber nicht ständig drehen oder damit wippen). Unauffälliger ist es, wenn Sie sich an einem Ring an Ihrer Hand festhalten. Sollten Sie all das nicht brauchen, legen Sie Ihre Hände ruhig auf den Tisch.

5. Nehmen Sie Blickkontakt mit allen am Tisch auf. Sie sind angekommen. Jetzt sind Sie bereit.

6. Sie sind der Souverän über Ihr Leben. Vertrauen Sie sich selbst – und Ihr Körper wird Sie dabei unterstützen.

Diese Vorbereitungen zu Beginn des Gesprächs sind eine Art Ritual. Sie kommen an, suchen die Verbindung zu den anderen Menschen am Tisch. Sie sind sich Ihrer persönlichen und fachlichen Qualifikationen bewusst, wissen, was Sie zu bieten haben. Auf dem Fundament Ihrer gefundenen Mitte können Sie sich ab jetzt dem Gespräch überlassen – mit aller Leidenschaft. Bleiben Sie ganz bei sich, in Ihrer Mitte. Dann sind Sie authentisch – und Ihre Gesprächspartner werden spüren, dass ihnen ein kompetenter Mensch in all seiner Würde gegenübersitzt.

Das Krisengespräch

Im beruflichen Alltag sind wir immer wieder mit schwierigen Situationen konfrontiert. Schlechte Verkaufszahlen, Kündigungen, neue Strukturen – all das erfordert gute Kommunikation. Unser Ziel sollte es sein, dass auch solche Gespräche zu einem für beide Parteien annehmbaren, wenn nicht sogar guten Ende finden.

Schwierige Gespräche verursachen sowohl beim Verkünder als auch beim Empfänger mentalen und physischen Stress. Also greifen wir auf Routinen zurück, die uns früher schon geholfen haben, die uns Schutz bieten. Viel zu oft holen wir die Ritterrüstung aus dem Schrank und packen einen Panzer um uns. Doch es gibt viel bessere Wege, um diese Situation für alle Beteiligten in Würde zu bewältigen.

Souveräne Körpersprache für den Verkünder schlechter Nachrichten

1. Offenes Visier:

Sie haben schlechte Botschaften zu verkünden – versuchen Sie nicht, das zu überspielen. Im Gegenteil, arbeiten Sie mit offenem Visier. Schauen Sie dem Empfänger der schlechten Nachricht in die Augen. Sie zeigen damit teilnehmendes Interesse. Bleiben Sie mit offenem Blick bei Ihrem Gesprächspartner, lassen Sie die Augen nicht wandern. Damit schicken Sie die klare Botschaft, wie ernst Sie die Situation nehmen.

2. Gerader Rücken:

Auch ein gerader Rücken unterstreicht die Ernsthaftigkeit der Situation. Sitzen Sie aufrecht und zeigen Sie damit Ihre innere Klarheit: Sie wissen, dass Sie etwas Unangenehmes mitteilen müssen. Gleichzeitig ist der gerade Rücken ein Signal der Offenheit. In Kombination mit dem direkten Blick auf den Empfänger drückt Ihre Körpersprache aus: Ich bin zwar klar in der Sache, nehme aber aufrichtig teil an den Gefühlen meines Gegenübers.

3. Wahl des Sitzplatzes:

Lassen Sie beim Hereinkommen den Empfänger der schlechten Nachricht seinen Sitzplatz aussuchen. Nun wählen Sie Ihre Position: Setzen Sie sich ihm gegenüber, wird die Gesprächssituation eher konfrontativ, aber klar. Setzen Sie sich um die Ecke, dann ist die Gesprächssituation zwar persönlicher und näher, kann aber auch indifferenter wahrgenommen werden. Vertrauen Sie Ihrem Gefühl für die Situation.

4. Atem und Raum:

Atmen Sie regelmäßig und tief ein und aus. Schlechte Nachrichten werden nicht besser, wenn man sie mit engem Atem möglichst schnell hinauspresst. Auch Sie brauchen die Entspannung. Auch Ihr Gegenüber wird bei Ihre Atem- und Sprechpause schätzen. Sie geben ihm so Zeit, die Informationen zu verarbeiten. Versuchen Sie sparsam zu gestikulieren. Das dient einerseits der inhaltlichen Klarheit und zeigt andererseits höfliche Präsenz, weil Sie Ihrem Gegenüber Raum lassen.

Souveräne Körpersprache für den Empfänger schlechter Nachrichten

Immer wieder in unserem Leben müssen wir schlechte Nachrichten entgegennehmen. Nicht immer lässt sich etwas Positives daraus ableiten, sehr wahrscheinlich nicht in dem Moment, in dem man die Nachricht erfährt. Aber wenn wir in unserer Mitte bleiben, können wir auch schlechte Nachrichten besser verkraften.

1. Der Atem:
Ganz gleich, ob Sie sitzen oder stehen – atmen Sie ruhig und tief. Regelmäßiges Atmen hilft Ihnen, in Ihrer Mitte zu bleiben. Rufen Sie ab, was Sie zuvor schon regelmäßig geübt haben: tiefes Ein- und Ausatmen. Bitte glauben Sie nicht, dass man nicht sehen darf, dass Sie tief atmen. Ihr Gegenüber weiß, dass Sie unter emotionaler Anspannung stehen.

2. Die innere und äußere Haltung:
Gehen Sie nicht in die Opferrolle. Bleiben Sie in Ihrer Würde. Eine geknickte Körperhaltung würde Ihr Gegenüber möglicherweise einladen, Sie körpersprachlich zu dominieren. Bleiben Sie aufrecht, zeigen Sie Rückgrat. Legen Sie Ihre Hände ruhig auf den Tisch. Lehnen Sie sich an die Rückenlehne des Sessels. Sie ist Ihre Stütze und Ihr Freund in solchen Situationen.

3. Der Talisman:
Als Hilfe auf der Suche nach der inneren Ruhe kann ein kleiner, harter Gegenstand sehr nützlich sein. Manche Menschen halten

zum Beispiel den Ehering. Dieser kleine Gegenstand gibt Ihnen Ruhe und Beständigkeit. Sie können auch einen Handschmeichler in der Tasche haben. Wenn es Ihnen hilft, weil Sie – bildlich gesprochen – etwas zum Anhalten brauchen, dann stecken Sie so etwas ein.

4. Bleiben Sie aufrecht:

Vermeiden Sie es, Ihre Arme und Beine zu verknoten. Eine verkrampfte Körperhaltung lässt Sie nicht gut atmen, sperrt Ihre Emotionen ab. Fressen Sie Ihren Ärger, Ihre Enttäuschung nicht körpersprachlich in sich hinein.

Besonders im Krisengespräch ist es wichtig, in seiner Mitte zu bleiben, den Bezug zu sich selbst nicht zu verlieren. In dieser Mitte finden wir unsere Würde. Dann ist es möglich, dass ein Krisengespräch, das völlig negativ beginnt und Schmerz auslöst, versöhnlich und vielleicht sogar konstruktiv zu Ende geht.

Voraussetzung dafür ist, dass keiner der Gesprächspartner im wahrsten Sinn des Wortes „außer sich" gerät, um sich schlägt. Ebenso falsch wäre es, die Schuld bei den anderen zu suchen und sich selbst in die Opferhaltung zu flüchten.

Nur wenn beide Gesprächspartner im Wissen um ihre eigene Würde in Achtung aufeinander zugehen, kann eine Lösung, ein Kompromiss entstehen, der für beide Seiten eine Weiterentwicklung ermöglicht.

Im Klassenzimmer

Die Aufmerksamkeit seiner Zuhörer zu bekommen, erfordert starke körpersprachliche Präsenz. Lehrkräfte sind diesbezüglich besonders gefordert. Deshalb hier ein Vorschlag, wie eine Stunde beginnen könnte.

Wenn Sie eine Klasse betreten, ist Ihr „Publikum" sehr wahrscheinlich mit allem Möglichen beschäftigt, nur nicht damit, auf den Beginn des Unterrichts zu warten. Die einen schreiben in höchster Konzentration noch schnell ihre Hausübung fertig, die anderen diskutieren das letzte Fußballspiel und die dritten versuchen auf ihren Handys noch schnell ein höheres Level in World of Minecraft zu erreichen.

Wie soll man in diesem Trubel Aufmerksamkeit gewinnen? Was sicher nicht funktioniert, ist laut zu schreien. Das erfahren die meisten Lehrer tagtäglich. Wirksamer ist es, sich auf die eigene Energie zu konzentrieren.

Zu Beginn der Stunde

1. Nutzen Sie die letzten Augenblicke der Pause, um sich geistig auf die Klasse vorzubereiten. Stellen Sie sich vor, wie es in der Klasse aussieht, wo sich die Schüler befinden, was sie tun und wie hoch der Geräuschpegel wohl sein könnte. Atmen Sie dreimal tief durch und verankern Sie sich in Ihrer Mitte.

2. Jetzt gehen Sie mit aufrechtem Rücken und festem Schritt auf die Klasse zu. Lächeln Sie Ihren Schülern innerlich zu. Mit diesem positiven Gefühl und dieser Offenheit betreten Sie die Klasse und legen Ihre Unterlagen auf den Lehrertisch.
3. Bleiben die Kinder mit ihren Tätigkeiten beschäftigt, stellen Sie sich vor die Klasse hin – aufrecht und offen. Bleiben Sie ruhig und freundlich, atmen Sie tief aus Ihrer Mitte.
4. Zeigen Sie Ihre Präsenz im Stehen. Suchen Sie Augenkontakt zu jedem Einzelnen. Lassen Sie sich nicht von Ihren Emotionen oder von Versagensängsten drängen. Je länger diese Situation dauert, desto wahrscheinlicher fühlen Sie sich unwohl. Jetzt ist es wichtig, das auszuhalten, arbeiten Sie daran.
    a. Geben Sie ihrem Wunsch, hinter den Lehrertisch zu flüchten, nicht nach.
    b. Sobald Sie sich setzen, machen Sie sich kleiner.
    c. Sobald Sie den Blick von den Schülern ab- und dem Klassenbuch zuwenden, haben Sie deren Aufmerksamkeit auch schon verloren.
5. Findet eine kleine Gruppe von Schülern oder ein Einzelner nicht die Konzentration auf Sie, gehen Sie zu ihm hin. Stellen Sie sich zu ihm mit all Ihrer körpersprachlichen Präsenz und suchen Sie den Kontakt.
6. Es kann sein, dass er einen kleinen Machtkampf versucht und Sie aus der Reserve locken will. Aber Sie bleiben in Ihrer Mitte und schöpfen daraus die ruhige Kraft, die Sie in diesem Moment brauchen. Sie können sicher sein, dass Sie in diesem Moment die Aufmerksamkeit aller anderen haben. Ist der Moment gekommen, wo auch dieser Eine Ihnen seine Aufmerksamkeit schenkt, gehen Sie

wieder ruhig nach vor Richtung Tafel – und jetzt begrüßen Sie die Klasse.

Scheuen Sie sich nicht, für diese Form des Stundenbeginns wertvolle Unterrichtszeit zu verwenden. Sie haben damit allen Schülern die Möglichkeit gegeben, zur Ruhe zu kommen, sich zu fokussieren. Damit wird jedes Wort, das Sie in den nächsten 50 Minuten sagen, mit höherer Wahrscheinlichkeit bei den Zuhörern ankommen.

Sollten während der Unterrichtseinheit neuerlich unruhige Phasen auftreten, nehmen Sie das mit Gelassenheit. Es gibt viele Gründe, warum Schüler geistig abschweifen. Vielleicht sind sie nervös vor dem Test in der nächsten Stunde, vielleicht freuen sie sich auf das Schülerliga-Fußballmatch am Nachmittag. Vielleicht aber sind sie nach fünf Stunden Unterricht einfach nur müde.

Aggression und Druck durch den Lehrenden werden die Situation nicht verbessern. Ein sensibles Hineinhören in die Klasse eröffnet dem Lehrenden dagegen viel mehr Spielraum für einen adäquaten Umgang mit der Situation.

Am Ende der Stunde

So wie die Unterrichtseinheit begonnen hat, so sollte sie auch enden. Meist klappen die Schüler die Bücher und Hefte schon zu, sobald die Pausenglocke geläutet hat – selbst wenn der Lehrende mit seinen Ausführungen noch nicht zu Ende gekommen ist. Aus meiner Sicht handelt es sich hier um mangelnden Respekt von beiden Seiten: dem Respekt der Schüler dem Lehrenden gegenüber und dem Respekt des Lehrenden vor der – ohnehin meist recht kurzen – Pausenzeit der Schüler. Mit gutem Zeitmanagement lässt sich diese kritische Situation wesentlich entschärfen.

Wollen Sie die Achtsamkeit der Schüler für diese Situation trainieren, versuchen Sie doch einmal, eine entsprechende Übung in den Unterricht einzubauen. Sie erinnern sich an die Übung, die ich in der Einleitung erwähnt habe? Die Übung, bei der meine Schüler vor der Gruppe sitzen und körpersprachlich Aufmerksamkeit und Respekt abrufen. Ja, diese Übung wird auch anderen Schülern unangenehm sein – aber was bleibt besser in der Erinnerung als eine Emotion.

Der Small Talk

Vor jedem Meeting, vor jeder Verkaufsverhandlung, am Rande von Elternabenden oder bei privaten Festen – es gibt unzählige Situationen im täglichen Leben, die wir mit Small Talk einleiten. Auch wenn dabei keine tiefschürfenden Gespräche geführt werden, zählen diese Momente zu den wichtigsten zwischenmenschlichen Kontaktaufnahmen. Trifft man sich mit einer Runde bekannter Personen, fällt einem die Initiative für Gespräche sehr leicht. Vielleicht sind Sie ja auch jemand, der gerne Geschichten erzählt, und daher gewöhnt daran, dass alle Augen auf Sie gerichtet sind.

Viel schwieriger ist es allerdings, wenn Sie in einen Raum kommen, wo Sie niemanden kennen. Verwenden Sie ein paar Minuten darauf, die Situation zu erfassen. Kommen Sie als Neuling in eine gewachsene Gruppe oder können Sie davon ausgehen, dass es anderen so geht wie Ihnen? Wo sind die Wortführer, wer steht in der Nähe von wem?

Suchen Sie sich eine Person oder eine Gruppe, die Ihnen besonders sympathisch ist, dann fassen Sie ihren ganzen Mut und stellen sich unaufdringlich dazu. Glauben Sie nur nicht, Sie wären der einzige Mensch, dem diese Situation unangenehm ist. Allen geht es gleich.

Wer versucht, dieses Unwohlsein durch besonders auffälliges Verhalten zu überspielen, ist der Ärmste. Die anderen spüren diese Unsicherheit sofort. Im besten Fall schließt sich die Gruppe, im schlimmsten Fall wird der Neuzugang darauf hingewiesen, dass man lieber unter sich bleiben möchte.

Viel besser ist es, wenn ich mich dezent verhalte, mich dazustelle und hineinspüre: Was findet hier überhaupt statt? Die Gruppe wird das als neue, positive Energie erleben und Sie aufnehmen. Wenn Sie ein paar Anläufe brauchen oder alles ein bisschen länger dauert als erhofft, verlieren Sie nicht die Nerven. Bleiben Sie in Ihrer Mitte.

Ihr waches inneres Ich ist das wichtigste Fundament. Denn es erlaubt Ihnen, aus der ganzen Vielfalt körpersprachlichen Ausdrucks zu schöpfen, wie es passt. Spielerisch können Sie auf Situationen reagieren, denn Sie haben ein solides Fundament.

NACHWORT

Körpersprache kommt von Innen. Wenn wir uns ernsthaft damit beschäftigen, dürfen wir nicht an der Oberfläche bleiben. Wir müssen unsere innere Mitte suchen, uns unserer individuellen Würde bewusst werden. Dieser Weg ist nicht einfach, er fordert uns täglich aufs Neue.

Aber es ist unser Weg und unser bester Schutz vor Menschen, die bewusst Ängste in der Gesellschaft schüren. Sie haben nur das eine Ziel: sich selbst zu erhöhen und damit ihre Macht auszubauen. Dieser Haltung können und müssen wir mit aller Kraft entgegentreten. Positiv denken wird auf Dauer nicht genügen. Wir müssen uns einbringen.

Es liegt in unserer Hand, die Schönheit des Lebens zu sehen und mitzugestalten. Wenn ich mir meiner Würde bewusst bin, in meiner Persönlichkeit einziehe und das Leben liebe, dann werde ich es als Geschenk erfassen. Ich werde Menschen begegnen, die mich bereichern. Ich werde Ereignisse erleben, die mich glücklich machen. Wo ich helfen kann, werde ich helfen – und so kann ich in meinem Umfeld durch mein tägliches Handeln sehr viel Positives bewirken. Möglicherweise entsteht dadurch ein Ring, der sich immer weiter ausbreitet und immer mehr Menschen erfasst. Der Wunsch, dass diese Vorstellung Wirklichkeit wird, ist der eigentliche Grund für dieses Buch.

Wir haben den Eindruck, dass sich in dieser lauten, schnellen Zeit immer mehr Menschen Gedanken darüber machen, wie ein gutes Leben gelingen kann. Mit unserem Buch wollen wir eine Möglichkeit aufzeigen.

Wenn wir bei unseren Betrachtungen und Übungen etwas übersehen oder nicht ausreichend bedacht haben, würden wir uns freuen, mit Ihnen darüber zu diskutieren – in gegenseitigem Respekt und Würde.

Brigitte Karner und Susanne Senft